GLOBAL SCHOOL

海外课堂
澳洲篇

教育是爱 爱是幸福

EDUCATION IS LOVE, LOVE IS HAPPINESS

编著 邓君英

Author：Junying（June）Deng

上海交通大学出版社
SHANGHAI JIAO TONG UNIVERSITY PRESS

内容提要

　　本书是由五堂课,四十个故事组成。主要突出了海外课堂的主旨:教育是爱,爱是幸福。本书主要呈现海外课堂·澳洲篇的大爱大美,让读者能够了解爱与感恩在生命中的震撼力。

图书在版编目(CIP)数据

海外课堂·澳洲篇:教育是爱,爱是幸福/ 邓君英编著. —上海:上海交通大学出版社,2016
ISBN 978-7-313-15122-3

Ⅰ. 海...　　Ⅱ. 邓...　　Ⅲ.①留学生教育—世界 ②留学生教育—澳大利亚　　Ⅳ. G649.1

中国版本图书馆 CIP 数据核字(2016)第 131069 号

海外课堂·澳洲篇
教育是爱,爱是幸福

编　　著:邓君英

出版发行:上海交通大学出版社	地　　址:上海市番禺路 951 号
邮政编码:200030	电　　话:021-64071208
出 版 人:韩建民	
印　　制:上海华业装璜印刷有限公司	经　　销:全国新华书店
开　　本:710mm×1000mm　1/16	印　　张:11.5
字　　数:199 千字	
版　　次:2016 年 7 月第 1 版	印　　次:2016 年 7 月第 1 次印刷
书　　号:ISBN 978-7-313-15122-3/ G	
定　　价:49.00 元	

澳大利亚昆士兰州首府布里斯班市长的支持信

OFFICE OF THE
LORD MAYOR
Brisbane

Message from
The Right Honourable the Lord Mayor of Brisbane
Councillor Graham Quirk

Brisbane is Australia's New World City，a multicultural hub of creativity and innovation that provides students with access to forward—thinking education providers and world-class research facilities. The decision to study in this wonderful city offers you a lifetime of memories. Brisbane offers would class education opportunities and is also a place to develop your future prospects in life.

As Lord Mayor，I am pleased to showcase our inclusive city at the annual Study Brisbane City Welcome Festival. The information available at the festival is of great assistance to all new students and the vibrant atmosphere will give you a taste of the events and festivities regularly on offer in our friendly city.

I am also proud to host a number of Lord Mayor's International Friendship Ceremonies held throughout the year. These ceremonies are another way we strengthen relations between Brisbane and students like yourselves.

Study Brisbane offers international students a pathway to future careers. Encouraging ongoing work opportunities with educational institutions and potential employers gives you，the leaders of tomorrow，a chance to play a significant role in shaping our city's future.

Returning students are encouraged to apply to become a Brisbane International Student Ambassador. I enjoy working with our ambassadors at many events during the year and，as an ambassador，you will be exposed to some incredible opportunities as appointed representatives of our international student population.

I wish you every success with your studies.

Yours sincerely

Graham Quirk
LORD MAYOR

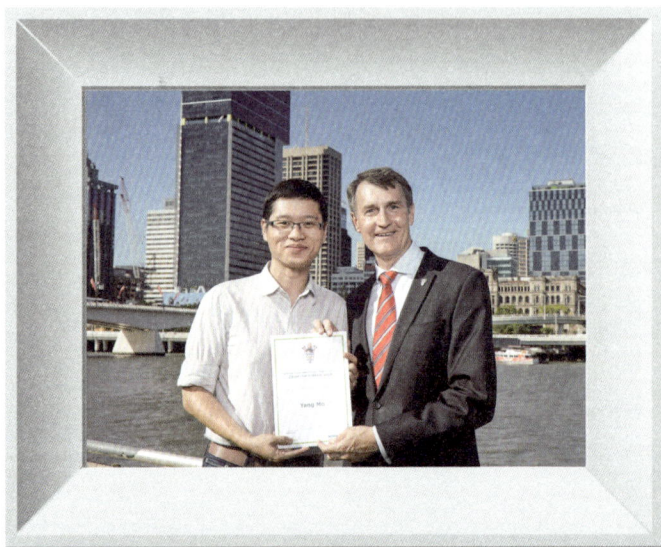

市长和中国国际学生大使的合影

权威推荐

The wonderful international education era between Australia and China shows happy cooperation together. I am so happy to provide the warm-hearted photos to support this meaningful book. The charming Tasmania Island welcomes you to enjoy the global school—Education is love，Love is happiness，the happiness lasts forever!

——Ms Anne Ripper，Director，Government Education and Training International
（澳大利亚塔斯马尼亚州政府国际教育与培训司司长）

作为《海外课堂》的长期践行与推行者，我很高兴看到这本书的面世。书里的故事生动有趣、充满温情，就像一粒粒神奇的水晶球魔法般串起中国少年在世界各地的非凡经历与成长体验，期待《海外课堂》系列更多读本的精彩呈现！

——赵刚（澳大利亚教育研究基金会秘书长）

诠释爱和幸福的真谛，播种爱和幸福的种子，耕耘爱和幸福的心田，收获爱和幸福的福果。

——王基组（上海海洋大学中外合作学院爱恩学院院长）

《教育是爱，爱是幸福》一书启迪人生智慧，该书分享的中澳教育就是一份浓浓的爱的奉献，更是分享了美好记忆中永存的一份幸福。

——邬金福（江苏昆山经济技术开发区高级中学校长）

前　言

　　对于《海外课堂》，我们是这样理解：国际化背景是全球青少年素质教育中不可或缺的部分，具有国际化视野与经历可以提高一个人的理解力与忍耐力，可以把课本中的知识在现实生活中生动地阐释出来，这样不仅可以增进学生了解全世界在经济、政治、文化、艺术和环境等方面的相互联系，还可以提高他们在日益国际化的社会中和谐生存与不断创新的能力。

　　作为《海外课堂》的积极推广者，我们信奉并致力于这样一种理念：《海外课堂》带来丰富而美好的经历，远胜于地图前抽象的认知与网络上疯狂的搜索。我们深信《海外课堂》将带给你崭新的视角：感受异域风情，触摸不同的文化和语言，了解那些在以不同方式生活着的人们。你可以在罗马街头的冷饮店品尝一份意大利冰激凌，可以在澳大利亚的绿茵场上与小学伴们一起奔跑，可以顶着午夜太阳在芬兰大森林里采摘新鲜的蘑菇与神奇浆果，还可以在北京的公园里一板一眼地学习京腔京韵……这些美好的时光一定会帮助你成长，令你终生难忘。

　　澳大利亚教育基金会成立的宗旨是推广澳大利亚的优质教育，构建教育领域方面的国际合作。经过多年的积累，为了更好地展现两国教育合作成果，由基金会发起，联合中澳双方的教育主管部门以及学校等机构，由华世达集团赞助并策划出版，特邀获得《海外课堂》最美爱心大使荣誉称号的 June 女士撰写的在中国具有开创性的、针对"海外课堂"教育的专业书籍《海外课堂·澳洲篇——教育是爱，爱是幸福》。本书适合各国驻华使领馆、重点院校以及推广教育国际化的培训机构及企业等组织选用。

　　本书主要分为五大专题：乐趣、灵魂、智慧、体验、创新。学校、老师、家长和学生可通过此书的全景展示来了解"海外课堂"的真正含义，并以寓教于乐的方式分享已经参加过"海外课堂"师生的愉快经历。本书的内容滋养并震撼心灵，且以目前中国独特的国际教育权威和"海外课堂"快乐的教育理念开创国际教育的先河。

　　本书附有华东师范大学澳大利亚研究中心学生的留学心得；澳大利亚昆士兰州政府教

育部提供的访澳说明；海外驻沪总领馆提供的权威签证须知以及"海外课堂"国际培训中心学员的爱心感言。

澳大利亚纯净的自然条件、安全的生活环境以及可以忽略不计的时差都是中国学生体验"海外课堂"的理想之地。本书的顺利呈现也得到各方友人的大力支持，尤其感谢美丽智慧的邓君英（June）女士能受邀为《海外课堂》系列的开篇之作倾情执笔！同时也特别感谢中澳联合培养和参与"海外课堂"的莘莘学子，尤其是设计海外课堂爱心小天使的周欢宇同学（上海大学动画专业大四学生）以及胡熙，李晨媛，李运加，梁舒皓，刘思微，齐芸芝，孙英男，王丹妮，王俊杰，王若芸，吴小艺，叶鸿帆，张乐天和赵志豪同学，他们的美好分享是带给本书最精彩的篇章！

最后，希望每一位读者都能够扫一下本书封底勒口部位的二维码，其中有更多视频资料供大家分享！

澳大利亚教育研究基金会

2016 年 4 月

Preface

The following sentences in the paragraph present my understanding of the *Global School*. Nowadays, it has become an integral part of the global quality education for young people to have international background. Having international vision and experience can improve the understanding and tolerance of a person. Besides, it would illustrate the knowledge in the textbook vividly explained in real life. By accepting international education, it can not only enhance the connection among the economics, politics, culture, art, environment and other aspects, but also it can improve their ability to live in harmony and innovation in the growing internationalization of the society.

As the advocate and promoter of *Global School*, we devoted our efforts to deliver the concept that the amazing experience brought by *Global School*, is far beyond the abstract acknowledge standing in front of a map or the Google searching results by the website. We truly believe that, *Global School* will show you a new perspective. You will experience different cultures and languages, and make acquaintance with various people who live in different ways. You can enjoy a taste of Rome's famous Italian ice cream in a charming street shop, experience with your learning companions to run through the fields of Australia or it can withstand the midnight sun to pick fresh mushrooms and magical berries in the forest in Finland. Particularly, you could also attend the Beijing's Opera and harmonize with the city's beautiful dialect for entertainments in the park... These good times will certainly help you grow and you will keep the wonderful memories in mind forever.

The purpose of the establishment of Australia Education and Research Foundation is to popularize the first-rate education and build up international education cooperation. It has been accumulated a lot of experiences and would like to show the better result of the cooperative education between two counties. GLC works as a sponsor and an executive producer, Australia Education and Research Foundation, being as a promoter, associated with directors of education department, schools and other institutions, specially invited Miss Junying (June) Deng, who won the honorary title of the most beautiful ambassador of *Global School*, to write the pioneering series of books—*Global School · Education is love, love is happiness*. It aims at professional education of global school. This book applies Embassies and Consulates in China, key schools, training institutions promoting international education, enterprises and organizations.

The book mainly consists of five parts: pleasure, soul, wisdom, experience and innovation. Schools, teachers, parents and students understand the true meaning of global school through the whole vision presented in the book and share the happy experience of those who have joined global school in the way of teaching through lively activities. With humbling notion, wonderful rich content, Chinese unique educational authority and happy teaching concept of global school, the book created the pioneer of international education.

The appendix including: the interesting articles from Australia Study Center of East China Normal University; the visitor instruction provided by Education Queensland International (EQI); visa notices offered by Consulate General of China in Shanghai and the student testimonials full of love from International Training Center of Global School.

Australian pure natural environment, safe living condition and time difference that can be neglected make it becoming an outstanding place for Chinese students to experience. The successful publish of the book supported by friends from all over the world. We are happy to send the heartfelt thanks to the Miss Junying (June) Deng who is a beautiful and wisdom lady, she has been working hard on the opening of series of the book called *Global School*. Specially, thanks to the students who participate in the training program of global school, they bring book the most brilliant chapter with their precious sharing.

目　录（Content）

第五篇：海外课堂的创新

(The Innovation of Global School)　　　　　099

绪　言

Introduction

身处二十一世纪

每个人首先面临的是要做一名合格的地球公民

保护自然环境与保持终生学习的能力从来没有像今天这样的迫切与必要

在教育和健康方面的自我提升　可以让我们有机会重新审视自己

以崭新的角度来观察这个世界　从而领悟敬畏生命的重要,探寻分享与冒险的快乐源泉

多年来

我们奔走于世界各地

接触不同国家的政府机构

体验不同民族的学校

交往不同信仰的人群

我们深信

求同存异

中西融合

优质的教育理念

是能接受不同国家对教育的差异化需求

在不断发展的过程中

逐步升华为一种适合全球青少年健康成长的共用法则

优质的教育理念

将如同蒲公英的种子

飞扬在地球村的每一片土地

生根

发芽

长成一棵棵参天大树

连接为一片片绿荫

我们

兢兢业业

精益求精

为教育国际化事业奉献一己之能

坚持努力

永远在路上

体验

灵魂

智慧

乐趣

创新

宝贝孩子们幸福诞生了

2016 年 2 月 18 日 10 点 18 分,《海外课堂·澳洲篇——教育是爱,爱是幸福》诞生了,在这一刻,我能够感受到她的生命、呼吸和心跳! 对! 她就是我的孩子们,是拥有我生命之爱的五胞胎。他们是:海外课堂的乐趣、海外课堂的灵魂、海外课堂的智慧、海外课堂的体验、海外课堂的创新! 此时的我,觉得感动、欣慰、知足。我泪流满面,但这是幸福的泪水——充满希望和喜悦。我感恩家人之大爱、感恩同事之扶持、感恩朋友之信任、感恩家长学生之厚爱!

《海外课堂》最美爱心大使

你好! 我是海外课堂爱心小天使 Angel。非常欢迎你阅读《海外课堂·澳洲篇——教育是爱,爱是幸福》,我很高兴能陪伴你一起来感受海外课堂的乐趣、灵魂、智慧、体验和创新。希望海外课堂之旅,能帮助你快乐成长,幸福一生;也希望亲爱的家长们能因孩子的幸福而幸福。

走进澳洲，为习大大和彭妈妈曾访问澳洲时种下的中澳友谊之树浇浇水——一棵由习大大亲手种下并和澳洲孩子们的双双小手一起浇灌的幸福之树。这里有习大大捧过的薰衣草小熊、也有彭妈妈抱过的"小浣熊"（"超萌"袋獾）和搂过的澳洲考拉。这里就是继习主席访问之后，红遍全球的南极门户之地——澳大利亚塔斯马尼亚岛。纯净的自然环境让这里盛产全球最新鲜的食物，也让生活在这里的人们呼吸着世界上最清新的空气……这里处于南极圈之内，是澳大利亚的最南端，也被称为"世界的尽头"。

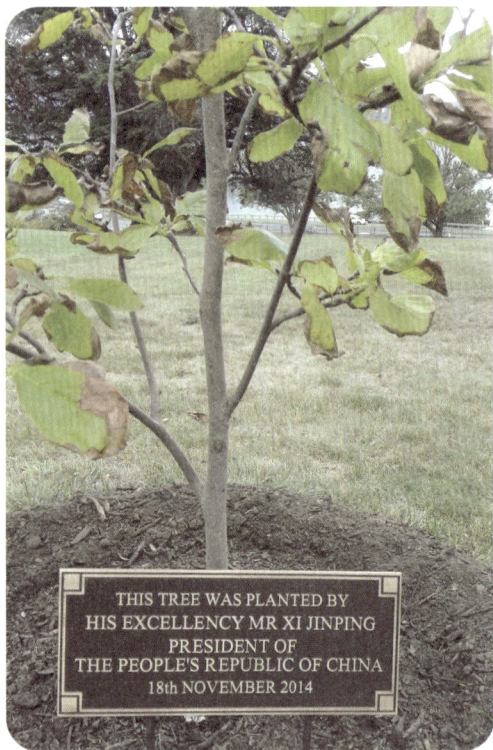

THIS TREE WAS PLANTED BY
HIS EXCELLENCY MR XI JINPING
PRESIDENT OF
THE PEOPLE'S REPUBLIC OF CHINA
18th NOVEMBER 2014

2014 年习主席访澳时种下的"中澳友谊之树"

G20 会场

这里是习大大访澳参加G20峰会的会议中心：澳大利亚昆士兰州的"阳光之城-布里斯班"。这里的白天堂沙滩是"全世界最环保和干净的沙滩"之一；这里邻近"黄金海岸"以及大堡礁，大堡礁被誉为最浪漫的世界自然奇迹，这里充满了让人灵魂入迷的魅力。

世界一家幸福表

大自然独创的设计总是如此缤纷多彩;有趣的是它把中澳的季节精心策划得正好相反:中国的夏季正好是澳洲的冬季,那么中国的学子在寒假正好能够去澳洲感受暖心"日光浴"——我们要和向日葵老师学习,哪里有阳光就朝向哪里! 更有趣的是:大自然调皮地把澳洲"世界一家人"的幸福时钟调快了2个小时。比如在中国是八点十分,在澳洲生活的人们就生活在十点十分。十点十分就如同我们的微笑的上翘嘴角(见照片)。的确,当我们对生活微笑,生活也会对我们微笑。所以我们要做十点十分的人,当宇宙间的吸引力法则把爱和幸福赐给我们的时候,我们只有带着十点十分的快乐微笑,才可以轻松愉快地接受这幸福一生的礼物。

具有"绅士"气质的企鹅宝宝们在 Australia Antarctic Division(澳大利亚南极中心)科学家们的率领下已准备好将陪我们共同深入自然科学的殿堂,企鹅宝宝们将会成为我们海外课堂暖心憨厚的小学伴。"我是一种不会飞的鸟类;我也是地球上数一数二的超级可爱动物。我叫企鹅,为了和人类朋友幸福相处,可不可以叫我企鹅君? 我来自神秘的南极,我的家充满了神秘和自然的奇景;我的外表憨憨的,有一双小小的短腿,走路走得稳重舒缓,美萌美萌的。大家都说摔倒的企鹅君更逗,摔倒后又能马上爬起来的企鹅君更酷(是人类朋友

酒杯湾

(资料来源:难忘 11.18——习近平主席访问塔斯马尼亚一周年回顾[EB/OL].塔斯马尼亚大学,2015-11-19)

们百折不挠精神的体现）。也有人问我十万个为什么:为什么企鹅君有翅膀却不会飞呢？我轻描淡写地回答:你看看,我天生就是个'圆头小胖子',这么胖乎乎的,飞得起来吗？接下来,重要的事情说三遍,重要的事情说三遍,重要的事情说三遍:我们的快乐使命是:探索南极生态与洋流变化给人类带来的影响,进一步了解南极的生态以及海水酸化会对全球带来怎样的福音"。我们还会一起享受澳大利亚塔斯马尼亚大学126年的快乐生日庆,来一起探索跨越百年历史生命的秘密。我们一起拉横幅"到了621年,我们依旧永远爱你!"我们一起用中英两种语言大声呼喊:I love you 1314(我爱你,一生一世)。因为爱是教育的灵魂,是幸福的源泉。

第一篇｜海外课堂的乐趣

一、澳洲女子学校唯一的男士

the unique man in Australian girls' school

闻着专属于澳大利亚海的味道,看着一切都如诗如画的风景。在浩瀚无边的大海旁,有一座"神秘城堡":这是一座奇美的女子学校。照片中"Lofty 先生"是澳洲女子学校唯一的男士:女孩子们最爱他,因为它永远用生命中最忠诚的爱和倾其所有的热情来保护和关心女校的孩子们。在它的人生字典中,永远只有无怨无悔的善良付出。女孩们如花般的幸福微笑是给予他最心满意足的回报。虽然它不会用我们人类语言来表达发自内心的深情,但是有心灵感应的女孩子们都能连线到他的大爱无疆……

海外课堂爱心小天使将解读 Lofty 先生心声:

Lofty 先生与生俱来就有一种和大自然和谐相处的神奇的魅力:在阳光明媚、鲜花盛开的季节,他可以"邀请"到世界上最美的"蝴蝶仙子们"栖息在女生们如花的衣裙上,翩翩起舞。好一副世界蝶恋花的绝美图——映衬出"女子如花,花似梦"的仙境。当风雨交加的时刻,Lofty 先生又会口含"芭蕉扇"似的大叶子,为她们遮风挡雨,温暖女孩们被雨水浇凉的心。当女孩们开心欢笑时,Lofty 先生会欢快地上蹿下跳,创造出一座快乐的大本营,让爽朗的笑声成为生命的主旋律。当女孩子悲伤哭泣时,Lofty 先生会温柔地衔来融满花香的面巾纸为姑娘轻轻地擦去眼泪,此时的 Lofty 先生会施展幽默的杂技之术,站立之术,舞蹈之术,礼仪之术等所有好玩的神奇之术来逗得女孩们破涕为笑——真是一

澳洲女子学校唯一男性的照片:
"Lofty"先生工作照

笑倾城耶,二笑倾国乎。快乐其实很简单,如 Lofty 先生一样地幽默生活就是幸福的人生呀。

因此 Lofty 先生被女子学校的校长授予"最受欢迎护花使者"的称号,它的照片被荣誉置放在女子学校的全体教职员工们照片的第一位。Lofty 先生穿着女子学校的教职员工的制服并总是带着自信和骄傲,所有校刊杂志中都有他快乐而忠于职守的可爱身影。Lofty 先

生还是女子学校培训中心的明星,他还有一个别称是"Mr. Therapy Dog/Doctor Dog"(治愈狗狗先生/狗狗医生)。他是无私奉献时间和劳动的志愿者,他也是女子学校唯一一位从不计较任何工资奖金的忠诚员工,他也是把关爱和慰藉带给女生们的快乐导师,尽显"中澳爱心使者"的无限魅力。最棒的是 Lofty 先生还"创建"了一个爱心 Facebook Page(脸谱页面),叫"我一见你就笑":Lofty 先生曾陪伴过孤独老人、也探望过危重病人、还与智障儿童玩耍、聆听过孩子们的心声、为准备考试的学生减压、给经历灾难的人们治疗内心的伤痕。Lofty先生是人和伴侣动物和谐共处的爱心典范,他的精神与海外课堂的幽默诙谐、自由平等、轻松愉快完美地融合在了一起,共同折射出教育是爱,爱是幸福的理念。

(资料来源:由澳大利亚塔斯马尼亚州政府国际教育与培训司司长 Ms Anne Ripper——安妮聂巴女士代表教育部和澳大利亚塔斯马尼亚州的 The Ogilvie High School 女子公立学校全体师生及教职员工提供)

海外课堂爱心小天使

教育是爱,爱是幸福

"教育是爱,爱是幸福"。海外课堂爱心小天使分享心灵独白了:是要爱(love)的真正含义吗?"L"代表 Listen(倾听),"O"代表 Obligate(感恩),"V"代表 Valued(尊重),"E"代表 Excuse(宽恕)。我们都渴望一份长久的爱和幸福,所以一定要学会倾听对方,感恩对方,尊重对方,宽恕对方!这也是需要修炼一生的爱的幸福课。

二、世界上最开心的"萌物"

the happiest cute creature in the world

　　澳大利亚短尾矮袋鼠因为嘴角永远上扬,看起来每时每刻都在微笑,真是世界上"最开心"的动物啊! 只要看到它们就会感觉"整个人都好了",因而倍受游客的喜爱。2013 年它还被美国《赫芬顿邮报》评为"世界上最快乐的小动物"。

　　澳大利亚短尾矮袋鼠居住在何处? 人们可以在澳大利亚西海岸的一些小岛上看到它们的身影,特别是在珀斯的 Rottnest 岛和奥尔巴尼附近的 Bald 岛。它们是一种小型的有袋类动物,拥有"萌"的所有终极条件:大脸、肥肚、绒毛、娇小。可爱得能让人立刻心灵复活! 它们性格温顺,没有大型袋鼠的好斗天性,不过眼神不太好,偶尔会把人们的手指误当食物给咬了,连咬人的理由都萌翻了:因为它们都是天生的美食专家,咬人也是因为对美食的热爱!! 它们的身材和猫差不多,胖嘟嘟的脸颊就像时刻塞满了食物,只要给点好吃的,它就能心满意足。可爱得让人心花怒放!

　　澳大利亚短尾矮袋鼠非常爱美,也爱与游客合影,而且每一次照像的表情都十分生动活泼! 每当相机对准短尾矮袋鼠时,这种神奇的小动物就会嘴角上扬、微微一笑,以充满喜感的表情感染游客。它们非常容易亲近,游客们可以轻松地接近它们,并与其近距离地拍照。

　　很多人都说,它是动漫皮卡丘造型的原型,你觉得像吗? "世界上最快乐的小动物"也会面临生存挑战的时刻,近年因为澳大利亚野狗数量的增多,导致憨厚温顺的短尾矮袋鼠数量迅速下降。但值得庆幸的是,人类朋友已经深深爱上了带给我们微笑好心情的短尾矮袋鼠。它们受到了公园及野生动物保护机构的关注和保护。这种神奇的小动物正是用它迷人的"微笑"拯救了自己!

澳大利亚短尾矮袋鼠的甜美微笑

像"皮卡丘"一样的
澳大利亚短尾矮袋鼠

海外课堂爱心小天使

"微笑大使"短尾矮袋鼠之心语

海外课堂爱心小天使解读"微笑大使"短尾矮袋鼠之心语:"亲爱的朋友！我因为胖嘟嘟的可爱脸庞和'甜美'的笑容被誉为'世界上最快乐的动物'。请和我一起多笑一笑吧,当我们把微笑慷慨地送给别人的时候,迎接你的也会是无数张灿烂笑脸,我也因为甜美的微笑而感动了人类朋友的爱心,让我得以重获新生,感恩微笑的魅力。"

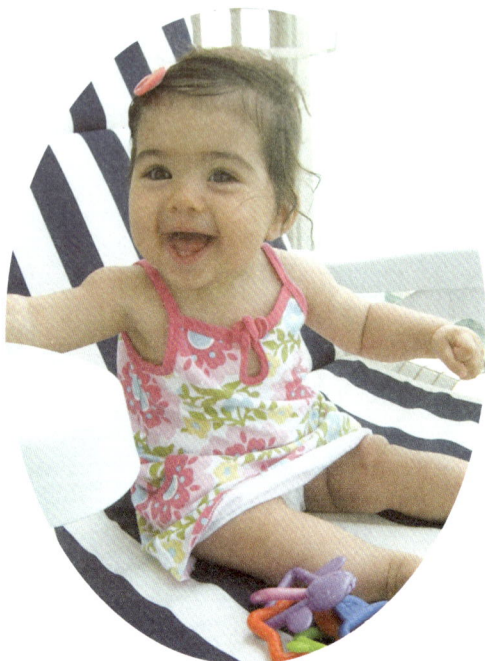

婴儿的微笑融化了人们的心

　　据来自美国的一项研究显示,微笑"充分"的人寿命更长,这项研究由密歇根州州立韦恩大学研究人员完成,研究论文刊登在最新一期的《心理学》期刊上。美国社会心理学家进行一系列研究和实验后发现,微笑不只是脸部肌肉的动作,更是内在情绪的表露。当心理学家初窥微笑的奥秘之时,艺术家们却早在几个世纪前就已知晓其中的玄机。也许有一天某些人能够解释蒙娜丽莎的微笑为何如此迷人?那他们一定是与蒙娜丽莎微笑的眼神成功地进行了心灵交流。"微笑大使"短尾矮袋鼠感恩人类的救助:"让我们一起为微笑谱写赞歌吧:微笑是一株魅力四射的常青藤,永不凋零;微笑是一枝高雅的花朵,永不凋谢;微笑是一位快乐的传递者,永不倦怠。"让我们爱上微笑吧!

　　(资料来源:澳洲国家级萌物[EB/OL].悉尼印象,2015-12-24.)

三、来自澳洲研究中心的可爱报告
the lovely reports from Australia Study Center

快乐分享华东师范大学澳大利亚研究中心最新研究调查爱心小报告。

报告一：

　　最近有一篇新闻：在交通繁忙时段，澳大利亚昆士兰州布里斯班的高速公路上演出了一幕幽默而又有爱心的场景：无论周围环境如何车水马龙、人声鼎沸，这似乎都影响不了一位调皮而执着的小考拉正襟危坐在高速公路中央——好似一位修心智者坐在山清水秀的美景中，安安静静的"思考人生"和"修心养性"。这位小考拉迷迷糊糊地闯进了马路，坚持领地，好似舍不得离开，爱上了这处"风水宝地"。一名澳洲警察叔叔爱心"劝慰"萌萌哒考拉回家去，但是，聪明的小考拉引经据典，似乎在说："爱人者人恒爱之，心中有爱才有度。亲爱的警察叔叔，请您让我一个人静心坐在马路中央来思考伟大人生的心灵震撼力吧，本着爱心的万古长青，我向您表示最衷心的感谢。"警察叔叔似乎感应到了小考拉的心声，看着小考拉的眼睛，回应它："甜心肝，我理解你的心情，但是实现自己梦想的同时，我们也一定要学会遵守交通规则，生命诚可贵，小乖乖，在家里思考人生吧，好吗？"警察叔叔也当起了爱心安全卫士，一直耐心陪伴并引导小考拉慢慢爬回到路边的大树上。于是，大家纷纷热情为这位警察叔叔充满爱和智慧的职业操守点赞。

思考人生的考拉

　　阳光海岸大学(Sunshine Coast University)的考拉专家彼得·蒂姆斯(Peter Timms)教授对爱心警察叔叔给予高度评价："他给予了足够的关爱与照顾，并不是每个人都愿意付出多一点努力的……世界上又多了一只被救的可爱考拉,太棒了!"考拉有可能是去寻寻觅觅可口的美食,也有可能去找寻它们最心爱的桉树,然而最有可能的还是去追寻生命中最恒久的真爱。

报告二:

据报道,近日袋鼠妈咪袋里装着小袋鼠宝宝蹦蹦跳跳、兴高采烈地穿过澳洲高速公路的时候,竟然走人行天桥了,袋鼠妈妈此举获得了澳洲警察叔叔的赞誉,因为袋鼠君交通安全意识觉悟很高,很配合澳洲警方的治安管理。

袋鼠君高度的生命安全意识,令我们人类朋友佩服,同时,袋鼠妈咪袋里的小宝宝也享受到了最好的遵守交警纪律的亲子教育——这是"身教重于言教"的智慧呀! 袋鼠母子被誉为澳洲警察叔叔的最爱,是我们人类朋友学习的楷模。

海外课堂爱心小天使
"身教重于言教"的智慧

"哎呀,袋鼠君悟性很高呀,也很会教育宝宝呀,居然会听警察叔叔的话,走安全绿色通道了!""哟,袋鼠妈妈带宝宝都会走天桥了,下一步要一步登天了吧?""袋鼠妈妈教育出来的宝宝一定会是遵守交规的楷模!"

四、"袋鼠教授"的乐趣课堂

the fun class of professor "kangaroo"

　　幽默的海外课堂教授如约而至:"澳洲的同学们上学,是不是都是骑着袋鼠妈妈来上课?! 表赞的同学们,请举手!"在欢乐的氛围中,他开始自我介绍:"我腿长脸小,就像袋鼠爸爸一样健壮,欢迎大家叫我'袋鼠教授'吧! 澳洲袋鼠的英文叫 kangaroo 简称叫 roo(发言像'入'),大家也可以称我为'入教授'。融入快乐好心情,学习效率高! 同时,他还模仿袋鼠蹦跳了几下,说是:"跳一跳,身体好,记忆棒"! 整个课堂的气氛瞬间高涨了起来。

　　轮到同学们自我介绍:快乐海外课堂的同学们皆把自己冠名为微笑考拉、萌萌松鼠、温柔猫咪、可爱熊猫、优雅海燕、智慧企鹅等充满爱意的称谓。在嘻嘻哈哈中,拉开了今日的课程序幕:

　　此次课程的核心:领导力课程正式开始啦。袋鼠教授抛出的"绣球题"是:"具有什么样感觉和气质的人才可以做领导?""微笑考拉"同学在纸上写出了自己的答案:"教导力(Teaching Power)是最美领队(最美不单是指外表,最重要的是拥有一颗美丽的心灵)而且具有育人的能力,就像袋鼠教授一样可亲可爱又快乐";"萌萌松鼠"同学也给出了自己的见解:"Study Power 学习力:是人才超速的成长能力就像我在海外课堂的学习能力。""温柔猫咪"同学强调:"Heart Power 心灵感召力:是攻城为下,攻心为上的策略之术。""可爱熊猫"同学热衷创造力:"表现为领导人的超常的创新绩效就像诺贝尔奖获得者慈爱的屠呦呦奶奶。""优雅海燕"同学侧重组织力,"即领导人选贤任能的能力就像选拔我们进入海外课堂的伯乐老师。""智慧企鹅"同学选择决策力,"是领导人高瞻远瞩的能力,其表现就像我们站在海外课堂看世界——全球大视角。"

　　同学们陶醉在自己的畅想中,"袋鼠教授"竖起大拇指赞我们解读很棒的同时,让我们欣赏了领导力短片,以反向思维的方式抛出了与众不同的全新启发,"Followers(追随者、拥护者)"。这时,我们茅塞顿开,豁然开朗:原来只要拥有追随者、信奉者,那么任何人都可以当快乐领导,这是领导力的神奇魅力。

　　为了选拔"千里马"——这是快乐领导组织力中的选贤任能。"袋鼠教授"启发我们换位思考:海外课堂的同学们是面试官;袋鼠教授变成了来面试的学生。透过情景演习,袋鼠教授分享我们两个小故事:

海外课堂爱心小天使友情旁白:心理学家的研究表明,给学生讲故事有助于培养学生的创造性思维、语言表达的能力和水平。

选贤任能故事一:

在一群优秀的大学毕业生中,面试官觉得学生们都很优秀,不知如何取舍。一位资深的人力资源总监突然让每位同学细数自己的兴趣和爱好,并且以幽默的方式表达出来。一轮热烈的"喜欢"大连唱后:一位有三项爱好的同学脱颖而出,马到成功。她热爱运动、热爱写心情日记、热爱幽默和微笑。

选贤任能故事二:

在三位出类拔萃的候选人中,几轮测试结果都是平起平坐,难分上下。面试组决定最后一轮测试以这三位候选人的另一半的风格来预测发展潜力:第一位候选人的人生伴侣是最漂亮的;第二位候选人的人生伴侣是最会做家务的;第三位候选人的人生伴侣是情商最高的。谁会是最后的赢家? 可能同学们早就心有所属了!

袋鼠教授写下一公式:

职场成功＝20％的智商＋80％的情商

让同学们讨论是否这一公式还有可以补充的部分?

海外课堂最美领队分享个人的经历:"我自己在考托福时,就考过 6 次,历时两年多,从"不及格的水平"到满分。我有一个英语听力磁带复读机,复读机的按键键盘上,都磨出了往下凹陷的指印——记录了我的热爱和努力。托福的听力磁带,每盘我都听过 22 遍以上,因为心理学家说当我们重复记忆 22 次后,就易于养成习惯,记忆终身。"

袋鼠教授变得激动兴奋起来,又碰跳了两下:"Great! 太棒了! 当我们见到一位学子可

海外课堂爱心小天使
友情旁白

海外课堂爱心小天使解读:

这都是高情商的三个特质:运动帮助我们甩开负面情绪,重建正能量;写作帮助我们净化灵魂,大脑 SPA;收集幽默百宝箱是好心情最亲密的伴侣,微笑向上的嘴角可以收获满满的幸运。所有这些快乐好习惯自然帮助我们洞悉职场风云、乐观迎接压力、提升工作效率、成为高情商的快乐成功达人!

以热爱做一件事并且天地长久持续着,即便历经挫折,依然能够坚毅地支撑下去,这种品质就叫作坚毅:用英文的意思是'Grit'。Grit 一词在古英语中的原义是沙砾,即沙堆中坚硬耐磨的颗粒。坚毅 Grit 是最为可靠的预示成功的核心指标!"

为了让海外课堂的同学们体验到团结协作的乐趣,袋鼠教授组织同学们参与了趣味领导力创意课堂活动。袋鼠教授本着自愿组合、快乐成团的原则:把海外课堂的同学们分成两个小组,各小组选出一名模特,同时选举出各组的组长、设计师、美容师用报纸为这名模特设计服装配饰和亮丽风格。在炫酷动感音乐声中,海外课堂的同学们通力合作取长补短、配合

默契。仅仅 26 分零 8 秒的精确时间,两组海外课堂的同学们就共同创新见证了这个世界上独一无二的新款报纸衣服、帽子和配饰。服装款式惊艳而又奇特。最后一秒钟,领导力小组长拿了个红色橡皮泥做成个红萝卜插在模特鼻子上——意寓幸福维他命;爱国的设计师找了两面中澳国旗插在模特的领子里——意寓中澳友谊万载常青;调皮的美容师还从课堂桌上挑选了一朵鲜花插在模特的耳上,红花和红彤彤的幸福笑脸和谐

映衬,同学们开心得上蹿下跳、翩翩起舞、模特们走起"猫"步犹如 T 台教室秀,就像快乐大本营,将课堂的快乐气氛推向了高潮。袋鼠教授的授课方式幽默风趣、生动灵活,在寓教于乐中提高了同学们的创新动手和领导能力,也让学员认识到了团结协作的重要性,授课在海外课堂同学们的热烈掌声中和快乐欢呼中依恋落幕。

袋鼠教授留给我们一个思考:世界排名前十二位的幸福指数提升的"奢侈品"是什么?

要学会把幸福感和周围人分享,我们讨论并借助爱心微信群来传递我们的观点:

1. 一颗充满爱和感恩的心,这背后是接纳、体谅和尊重。
2. 坚定忠贞的信念,打开心结的办法是学会宽恕。
3. 背包走天下的健壮体魄,锻炼越多,收获越大。
4. 喜爱自己的学习和工作,发现它的价值和意义。

5. 充足的睡眠和多饮水,才能以更好的状态迎接崭新的每一天。

6. 享受轻松愉快的生活,活在当下。

7. 结识一位教会你爱与被爱的人,站在对方角度来理解和包容。

8. 品味每天好心情,让我们的大脑充满活力地思考和运作。

9. 自由心态与宽广胸怀,一位智者是经历挫败磨练而有深度故事的人。

10. 友好的人际关系和点燃他人希望的精神感染力。

11. 聆听对方的内心世界,成为读懂朋友的知己。

12. 学会相互尊重是爱自己的表现,同时,也会提升爱的能力。

同学们在海外课堂里成长着、收获着、欢喜着、同时也如此感动着。这里的每一堂课,每一个故事都会成为同学们一生永留心中的温暖记忆难以忘怀。

海外课堂爱心小天使

国际化教育的万千魅力

海外课堂爱心小天使旁白:我们海外课堂的同学们大部分都是第一次走进海外课堂、第一次走出中国之门、第一次心与心体验西方的教学模式和方法、第一次面对面和国际友人沟通、第一次深层次融入西方生活方式。在这儿,见证着同学们一点一滴的收获与成长。我们曾采访了一位学术成就很高的博士后学长,问他最喜欢什么? 他的回答是一个字:"玩"。的确,开心"玩"到自己喜爱的领域,也许就会自然成就科学研究的巨大的创新。海外课堂给予了我们启发心智、拓宽视野、认识世界的机会。同时,也让我们从中深切感受到了国际化教育的万千魅力和乐趣缤纷。

五、与自己灵魂最亲近的英文毕业论文

the english thesis which is closest to the soul

爱恩学院来了一位魅力四射而且可爱的论文导师,学生们都欢迎她来指导论文写作、喜欢她中西合璧的教学方法、喜爱她幽默快乐的教学风格、喜爱她故事案例启发性的教学特点、更喜爱她阳光明媚的笑容和音乐般美妙的声音。于是,有心的大四毕业论文小组的学生们经调查表明:由于欣赏自己的论文导师,学生们竟然和自己论文导师的走路姿势开始变得一模一样;学生们戴的围巾也和论文导师的围巾同款式同色系;学生们的笑容大概66度左右的维度也和论文导师的笑意很类似。好似掀起了一股"论文导师风采潮"。在毕业分享会上:学生们大声赠送给这位桃李满天下的论文导师一份爱心宣言:"亲爱的论文导师,我们是您的 COPY(复印件)。"欢快的笑声直冲云端。兴趣导生们也走上了和论文导师一样传承教育是爱的国际化教育之路。

爱恩学院是中澳联合培养国际型人才的摇篮,爱和感恩是学院国际化教育的主旋律。论文导师收到了两封真情实感的信——这是学生们赠予导师最珍贵的礼物:

Dear 邓老师,晚上好。

今天参加毕业论文英语答辩的老师们辛苦了。

论文工作结束了,真的非常感谢您! 我们今生今世都会记住您分享给我们的心灵体验:和自己灵魂最亲近的 Presentation(译:演讲)通常是大道至简,其答辩也是最有魅力的心灵对话。

首先,从个人角度来说,这份论文将是我人生中的一份巨大的财富、是我的职业规划、也是我今后将努力的方向。

另外,从全组的角度来说,在您的指导下,所有成员的论文工作也都圆满落下了帷幕,为四年大学生活画上了圆满的句号。

是您让我们在学习的路上收获颇丰。

在此,我代表全组同学向您表示诚挚的谢意。

爱恩学院大四英文毕业论文小组长:余昂

2015 年 5 月 5 日

Dear 邓老师,您好。

毕业论文工作已经圆满地落下了帷幕,非常开心,在邓老师的指导下,我们全组同学都取得了杰出的成绩,并且有三位同学的论文还被评为了优秀毕业论文,她们分别是应玥同学、李楠同学和小组长余昂同学。

作为此次论文的小组长,我代表全组同学向邓教授致以诚挚的谢意,没有您,我们不可能获得今日的成绩。以下是几位优秀论文获得者的感言:

应玥同学:首先,很荣幸我的论文可以成为优秀毕业论文,在此我最想感谢的是我的导师邓老师。她秉承"教育是爱"的育人理念,在撰写毕业论文期间给予我们极大的帮助和启迪,是她将我们引领进未知的领域去探索、去求知,也是她让枯燥无味的论文写作变得生动有趣。她指导我们用"四心"来写毕业论文:"爱心、童心、欢心、关心,"告诉我们有"心"的论文才有心灵震撼力。她教会我们用"4P"原则来迎接灵感(Patience,Perseverance,Politeness,Positive。中文意为:耐心、坚持、有礼、积极),我们不仅对自己的论文研究内容了解颇深,而且同学之间彼此也有充分的交流和探讨。在即将毕业之际,我感谢这段撰写毕业论文的美好时光,让我结识了一位好老师和一群学术上的伙伴,能让我为大学的这四年画上一个圆满的句号。

李楠同学:我很荣幸地获得了优秀毕业论文这一荣誉,这是对我的论文的肯定以及学习的激励。同时,论文的撰写少不了邓老师和组长的指导,没有他们的帮助就没有这篇论文的完成。我们永远会记住:邓老师启发我们"让读者感知:读你的文章犹如读懂你的人一样——视如面谈:理解共鸣——就犹如与 soulmate(灵魂伴侣)交心,这是写与读的美丽境界。"我也感觉文如其人。同时,希望越来越多的同学来一起感受"乐于学,乐于教"的教学相长的国际教育的美妙之处。

余昂同学:非常荣幸在邓老师的指导下,获得了优秀毕业论文这一荣誉。正如我在毕业论文英文答辩会上所说的,这不仅仅是我的毕业论文也是我人生中第一份工作。非常感谢邓老师,因为有她,原本应该索然无味的行文过程,在她新锐的教育理念,积极的生活态度的影响下变得生机盎然。也谢谢同组的小伙伴们,因为她们的陪伴,我才有勇气义无反顾地一直前行。我们喜爱邓老师轻松愉快而又幽默有趣的传业授道之术:"她指导我们 falling in love with thesis(和论文谈恋爱),选择自己喜欢的案例和故事来支持自己的创作,热爱自己所做的一切,让自己的论文写作变成很好玩的 game(游戏),这样的才思泉涌,就会自然顺势而为,水到渠成,事半功倍。"她也给予我们灵感:"I love high EQ(我爱高情商),只有心情好的时候才去写论文。聪明的人,总在寻找好心情;成功的人,总在保持好心情;幸福的人,总在享受好心情。"我们要做幸福一生的人。

青春就是一场盛大的相遇,因为此次的相遇,我们的生命旅程又更为丰富了一分。我们相信好老师、好学生都是鼓励出来的。所以,让我们共同期待下一个的时刻的相遇。

爱恩学院大四英文毕业论文小组

2015 年 5 月 14 日

海外课堂爱心小天使

幸福的源泉

海外课堂爱心小天使拿着像大白萝卜一样的麦克风兴致勃勃的来采访这位中澳国际教育联合培养的论文导师:

她说:"我的学生们都是我的孩子们,爱我的学生就像爱自己的孩子一样,视如己出。我的学生们也是我今生的骄傲和希望,看到他(她)们健康快乐成长,也是我此生的幸福:幸福其实很简单,就是这样一份知足常乐的感动和欣慰。我希望我的学生们拥有懂得感恩的爱心,因为这是幸福的源泉。我也希望我的学生们是说话让人愉快,做事让人感动的人。我今天觉得很感动:因为看到了音乐学院的周小燕教授,她海外归国,爱心教学。98 岁的她,还如此充满热情和爱心的去教学生们,她觉得她教学生时,像只快乐的小燕子,像 90 后一样拥有一颗年轻快乐的心。我在思考:在我 98 岁时,会不会也能像只快乐的小燕子去教授我最亲爱的学生们,一如今日的感动?"

第二篇｜海外课堂的灵魂

六、收养两位中国孤儿的澳洲女市长

Australian female mayor who adopted two Chinese orphans

2015 年 9 月,在中国上海举办的澳大利亚昆士兰州长答谢会上,我们荣幸地遇到了笑容可掬的澳洲女市长科默福德(Deirdre Comerford)女士,她主动和我们热情问候并合影留念。她气度非凡而且对中国的文化和语言非常感兴趣,她说她爱中国,中澳语言虽有差异,但是中澳的孩子们乃至全人类呼唤妈妈的声音是如此的相似。说到动情之处,她突然拿出了手机给我们看了一些照片。原来她收养了两位中国孤儿:一名 9 岁的中国男孩和一名 6 岁的中国女孩。她待他们视如己出,这双中国儿女是这位澳洲母亲的爱和生命的寄托,因为出差

左起:江苏省昆山市陆家高级中学校长,收养中国孤儿的澳大利亚 Mackay 市女市长,作者

在外,她就把这对儿女的照片放在手机的屏幕端,想孩子们了,她就情不自禁对着手机上孩子们的照片深情地低喃道:"My sweetheart, I am thinking of you and love you forever"(我的心肝宝贝,我想着你们,永远爱你们)。她的眼神闪烁着慈母之爱的光芒。我们也被眼前中澳亲子之爱所感染,触动心灵最美好的天地。

海外课堂爱心小天使感叹:真情无限!我们感恩澳洲妈妈抚养中国孤儿们——虽非亲生,胜似亲生。这也是对爱的生动诠释。这个世界总是好人多,总是有些惊喜的事能让我们感动得想说:这份跨越国界的亲子恩情感动着"世界一家人"的心!的确,全球任何一种国界的语言,却都会有相似的发音:"妈"。因为人们对妈妈的爱是心灵相通。亲情之爱同样是超越国界!

今天我们还参加了上海市儿童福利院的爱心慈善活动,陪伴孤儿们度过了一段快乐而特别的时光。如果福利院是一个传奇的天堂,那么居住在里面的孩子们都是折翼的天使吗?就让我们做一回凡世间的爱心守护使者,用真挚的心去关怀这群特别的小天使!

考拉喜迎一周岁生日

看到天使孩子们惊喜的眼神,仿佛看到人世间最美丽的爱心珍珠——闪耀着最绚烂最纯真的光芒。和孩子们一起交流真情实感、享受嬉戏娱乐、分享人生感悟、传授社会经验。我们呼吁:人世间有爱心的人们,请都用我们的关爱去温暖这些渴望爱的单纯心灵吧。作为一名孤儿之女:我可以感应到孤儿们的心情,理解她(他)们的情感和对爱的渴望。我有一个梦想:我想把我母亲生前所写那本书中孤儿们创造生命和爱的奇迹的章节延伸成一本感人的书:翻译成多国文字,并把它演绎成电影或电视连续剧。让这个世界能更多地传递感人至深的灵魂之爱……如此就会给世人启发和灵感——如果可以克服孤儿们的困难,那么,这世界还有什么困难不可被克服?这也是正能量的励志启迪,并且富有意义!爱是这个世界最美丽的语言和最触动人深情的心灵表达,从而净化心灵、珍爱生命、感恩美丽世界。印证了教育是爱,爱是幸福。

(资料来源:萌萌哒! 孤儿小考拉抱抱美女饲养员萌坏网友[EB/OL].在澳洲,2015-12-05.)

海外课堂爱心小天使

因为有爱很幸福

最近有一篇"萌萌哒"的新闻:在澳洲野生动物公园的幸福大家庭里,大家热烈庆祝澳洲孤儿小考拉喜迎一周岁生日,动物园友情发布了爱心视频和图片:有澳洲孤儿小考拉温情拥抱摄影师的可爱视频;也有澳洲孤儿小考拉搂着美丽的饲养员、抱着泰迪熊玩具的照片。让我们沉浸在澳洲孤儿小考拉的超萌魅力中。大家的爱也温暖着澳洲孤儿小考拉的心,它在赠送给我们拥抱的同时也在表达它的心语:"我虽然是孤儿,但是并不孤单,因为有你们的大爱,我很幸福。我要拥抱亲爱的人类朋友和美好的世界。"

七、跨物种的至爱亲情

mother's love is great

最近澳洲一位姑娘分享了一则小袋鼠恋家记:她两年前救助的一只袋鼠,带着它的孩子来看她了! 她感动得热泪盈眶,我们明白了:这是对养育之恩回报! 原来袋鼠也会恋家,带着小袋鼠宝宝回"娘家"看"人类妈妈"了!? 这位澳洲姑娘 6 年来,一直在爱心救助无家可归的小袋鼠,收养它们,爱护它们,等它们健康快乐长大之后,再将它们放归野外。

被收养的袋鼠

其中一只小袋鼠叫 Mirabooka,它有着大大的眼睛,长长的睫毛,特别可爱。但是和其他袋鼠不同的是,Mirabooka 特别恋家,也特别爱它的"人类妈妈",它总是会时不时地回到"人类妈妈"的家里,它长大的地方。虽然澳洲姑娘表示,其他她救助过的袋鼠偶尔也会回来看看,但是像 Mirabooka 这样如此亲她、念她、依恋她的,还是第一次见到。Mirabooka 有时候回到家,甚至还会先敲门,用小拳头"咚咚"地敲门,等着澳洲姑娘来开门:"妈妈,我回来啦!"回到家,就自然地坐在沙发上,姿势特别地优雅。回家的感觉特别舒服,Mirabooka 和它"人类妈妈"的相聚总是轻松愉快而幸福的。

过了一段时间,Mirabooka 还带来了它的"男朋友"给"人类妈妈"看,没错,Mirabooka 是位女孩子。"人类妈妈"看着 Mirabooka 和男朋友相亲相爱,非常高兴,祝福袋鼠"女儿女婿"能幸福一辈子。接着,Mirabooka 突然消失了一段时间,这着实让"人类妈妈"担心了一阵。直到有一天,Mirabooka 突然回来了! 与以往不同的是,这次它还带着自己的孩子,小宝宝就放在自己的肚子上的小袋袋里。简直让澳洲姑娘感动得想哭!"人类妈妈"紧紧地把 Mirabooka 母子抱在怀里。

之后 Mirabooka 带着孩子经常回娘家,让"人类妈妈"放心:它永远会陪伴在妈妈身边。

而澳洲姑娘给 Mirabooka 的孩子取名为 Bookie，Bookie 也是"人类妈妈"最心疼的小袋鼠孙宝宝，常常将 Bookie 抱在怀里就像以前将 Mirabooka 抱在怀中一样。袋鼠母子和"人类妈妈"是共浴在母女亲情之中。

袋鼠 Mirabooka 和它的孩子

（资料来源：袋鼠认澳女当妈妈，拖家带口回娘家［EB/OL］.澳洲微报，2015-12-27.）

袋鼠 Mirabooka 坐在沙发上

海外课堂爱心小天使
让生命充盈着和谐幸福

海外课堂爱心小天使解读：恩情，是一个永远也说不完、道不尽的话题。"人类妈妈"和袋鼠母子这种超越种族的至爱亲情，承载着慈爱、关爱和母爱。让爱的感动融化心灵，让生命充盈着和谐幸福。

八、心灵相通的结"萌"情义

heart knot "Adorable" friendship

在澳大利来维多利亚州的马斯顿,有个名叫"Wild Action"的野生动物园区,目前收留了两只超可爱鸸鹋宝宝,没想到它们却跟一只8个月大的小袋鼠相亲相爱,甚至一起在暖炉边烘烤身体,这幅画面让人类朋友看了很暖心。鸸鹋与袋鼠是澳洲的两大原生动物,根据"Wild Action"野生动物保育园区的动物专家克利斯(Chris Humfrey)说,这两只年幼的鸸鹋宝宝名为艾迪(Edi)与艾利(Eli),由于当地有许多野生狐狸,光靠鸸鹋爸爸恐怕不足以保护鸸鹋宝宝,很可能会成为其他动物的食物,因此先将它们带回家照顾,等到长大才放到园区。没想到这两只毛茸茸的小家伙,竟然跟袋鼠宝宝(Reuben)成了好朋友,它们经常依偎在一起,灵魂相吸,还时常在暖炉旁边一起取暖!这类跨物种的情谊也吸引了当地媒体采访,人们看了澳洲两大原生动物心灵相通的结"萌"情义,也纷纷表示要萌化了!

(资料来源:澳洲头条 治愈系!超可爱的鸸鹋宝宝紧抱袋鼠哥哥取暖[EB/OL].澳洲头条,2015-08-27.)

在海外课堂的自然课里，老师安排同学们到大自然和动物们交朋友，与动物们亲密接触。先后了解了绵羊、矮脚马、骡子、鸡、鸭、羊驼以及狗的生活习性。起初，同学们有点害怕，但在老师的引导下，很快，孩子们就喜欢上了这些动物。同学们倾听动物的心声：学习用鼓励的方式和小狗朋友互动，当小狗朋友理解人类语言伸出"小手"来握手时，同学们奖励狗朋友饼干；当小狗朋友表示依恋，优雅地坐在同学们身边时，同学们会给它带上亲手编织的花环；当小狗朋友帮助同学们拿书时，同学们会把小飞碟送给它玩。让同学们了解动物，亲近动物，与动物和谐相处，在蝶飞花舞的大自然中，感受到构建和谐生态环境的乐趣。热爱小动物的同学们都承载着满满的爱心。

傍晚，回到温暖的澳洲 Homestay 家，窦同学在他的心情日记中写道："我喜欢在学习中动手实践，今天下午我们参与了大自然的植物课。我们同学每人都有一盆姹紫嫣红的植物，上面贴着美丽植物的名字，老师教我们怎样分盆、怎样养护、怎样精细照顾，一切是那么的有趣！海外课堂的老师告诉我们：把花草养好就像我们的爸爸妈妈养育好我们一样。要有爱心和有耐心。渐渐地，我都看醉了，老师让我留一段心情感言给大自然的植物朋友，我突然脱口而出：'海外课堂是爱的课堂。'以前我只是在课堂上背诵过要爱护花草树木，今天让我第一次领悟到用爱培养出来的花草一定更美，更健壮，更赏心悦目。"

"今天在大自然的课中，让我惊奇地发现，这里的鸟儿和我们如此亲近，它可以如此潇洒地随意停留在任何地方，自由快乐地鸣叫。我想，这也许是人与动物和谐相处的缘故吧！看到同学们都在喂绵羊，虽然我天生对动物存在恐惧感，可这一次，我想接受挑战，超越自我，我缓缓地走到一只小绵羊面前，等没人喂它了，便颤颤地伸出右手，可待它一靠近，我却本能的把手抽了回来，小绵羊疑惑地抬头看看，一脸的无辜，好像在说：'我是爱你的，也很友善，可你为什么怕我呀？我做错了什么吗？'我的心里泛起涟漪，想起海外课堂的老师教过我们"心理暗示"法：'我有勇敢的心，心里装满了温暖的爱，我感受到了你的心情，我也爱你，我要把你喂得饱饱的。'当我想着这些爱语，再次调整自己的心理状态，重新把手伸了过去，小绵羊小心翼翼地再次探身过来，用嘴轻轻地在我手上碰了几下，几乎没有什么感觉，它用舌头柔柔地舔走食物，我的手心里痒痒的，心里美滋滋的。我也感觉到小绵羊在它温柔的叫声中说：'非常感谢你，我最亲爱的人类朋友，谢谢你带给我美食，欢迎你常常来澳洲看我'。澳洲人倡导人与动物和谐相处，互相尊重，今天，我终于切身体会到了。生命中第一次和澳洲的动物朋友们进行心灵交流，如行云流水般的温馨美妙。"

海外课堂爱心小天使

跨物种的友情温暖人心

海外课堂爱心小天使心情感言：跨物种的友情温暖人心。鸸鹋宝宝心灵感应到袋鼠哥哥会像爸爸一样爱它们。谁说只有人与人之间才有亲情友谊？在物竞天择、适者生存的大自然世界里，不同物种之间也存在着温暖情义。在大自然的海外课堂里，我们经常可以看到，不同物种的动物们相亲相爱：体型巨大的鳄鱼似乎很欢迎美丽的小蝴蝶在它头上嬉戏；马鹿似乎觉得有群小鸟在耳边亲热的叨扰是件舒心的事；长颈鹿姐姐和落在它脖子上的两只喜鹊弟弟看上去亲密无间；一只海獭和一只鹊鸭在湖中欢快地畅游；一只波斯猫竟然和它的猎物大老鼠蜷缩在沙发上，和谐地享受电视带来的休闲娱乐。在摄影师杰克·拉西尔(Jack Russell)的作品中，一只袋獾和一只袋鼠嘴对嘴亲吻来向对方打招呼。看过这些可爱的照片，我们有没有感觉到自己的心灵也被触动呢？杜威、陶行知这些殿堂级的教育大师也提倡"把学校的一切延伸到大自然里去"。这也是 Natural School(大自然学校)的理论支持吧！

九、为爱而融化的心

the heart is melt by sweet love

　　我们一起来欣赏这张爱心照片:在暖洋洋的阳光中,一位萌萌的微型澳洲袋鼠宝宝温情地抱着人类朋友的手,很是眷恋.她似乎在倾诉着深情的爱意,让人怦然心动。

　　游客非常喜爱袋鼠宝宝拥抱着人类朋友的手并爱心撒娇的感觉,获得了许多支持和点赞。透过对这张可爱照片的仔细观察和丰富想象,我们觉得微型小袋鼠宝宝是位柔情蜜意的小女孩,对人类朋友有份特殊的爱意。我们的爱心都要被袋鼠宝宝融化了,真想留下来多陪陪她、多抱抱她、多看看她呀!

澳大利亚短尾矮袋鼠扒着游人的手

海外课堂爱心小天使

用心灵去观察和感应

　　爱心小天使解读微型袋鼠宝宝温情诉说:"别离开,留下来陪我好吗? 我想必是爱上您了!"这是身体语言的密码,点点难舍、满怀爱意,即使用万语千言也难以恰当形容。然而,一个眼神,一个拥抱,或是相视一笑,便可将千万情愫表达得淋漓尽致。据研究发现,人们每天讲话的时间仅占人与人交往时间的10%,而人与人交往的其他时间,都在有意无意地通过身体语言完成的。据英国心理学家阿盖依尔等人的研究结果表明:"当语言信号与非语言(体态语)信号所代表的意义不一致时,人类相信的是非语言信号所代表的意义,而且非语言交际的影响是语言的43倍,因此,和灵魂更接近的身体语言更能让人信服。这也解释了"小袋鼠扒着游人的手爱心撒娇"的感觉。

当我们来到澳洲 Tasmania 海边时,我们感受了一个非常形象的冰山和深海的学习案例:海面上的一座冰山,我们所熟悉的交流仅仅表现为冰山露出海面的那部分,例如:words(语言)、smile(微笑)、gestures(手势)、body language(身体语言);而真正属于交流核心的部分内容例如:love(爱)、happiness(幸福)、feelings(感觉)、experiences(经历)、fears(恐惧)、prejudices(偏见)、belief(信仰)等却属于冰山藏在海面以下的绝大部分,这个部分更需要我们用心灵去观察和感应。

(资料来源:澳洲国家级萌物[EB/OL].悉尼印象,2015-12-24.)

塔斯马尼亚夜景

(资料来源:Thanks to tourism Tasmania for the photos)

十、对慈母的一片孝心

the love and devotion to mother

一只名叫 Phantom 的小考拉仅有 6 个月大，前不久它跟它妈妈 Lizzy 在高速上被一辆汽车撞到，不幸中的万幸，它们都活了下来。小考拉 Phantom 几乎完好如初，非常健康。但妈妈 Lizzy 就没这么幸运了，肺部受了伤，被送到澳大利亚动物园野生动物医院就治，但由于受伤比较严重，所以医生决定给 Lizzy 动手术。手术过程中 Phantom 一直陪在妈妈身边，并紧紧抱着妈妈来给她加油打气！这件事感动了一众兽医们的心。

Phantom 和它受伤的母亲 Lizzy

护士 Jamie-Lynn Nevers 表示："宝宝 Phantom 的爱和拥抱，很大程度帮助了妈妈 Lizzy，真高兴它的情况正在好转，并且它在整个治疗期间都很配合，真的很难得。"现在，小 Phantom 依然寸步不离地守在妈妈身边，这份爱让妈妈 Lizzy 觉得暖心，大夫觉得安心。

从 Phantom 的行为中可以感觉到它对妈妈的依赖，对于 Phantom 来说，妈妈就是全部，没有树抱没关系，没有桉叶吃也没关系，它只知道我拥抱着的是它的全世界，只要它的世界能完好无缺，那就没什么可以惧怕的了。

Phantom 和它受伤的母亲 Lizzy

海外课堂爱心小天使

母子情深

爱心小天使解读母子情深：这种情感我们每个人都曾经有过,这就是一份对慈母的爱。心理学家研究结果表明,患者手术前,有亲人握着手,治愈效果会更好。那么这就应验了宝宝 Phantom 相拥妈妈 Lizzy,在源源不断支持妈妈,妈妈 Lizzy 也一定会因亲情的支持而早日康复!

(资料来源:小考拉在麻麻做手术的时候,一直抱着它,给它打气[EB/OL].澳洲头条,2015-12-22.)

十一、与澳大利亚塔斯马尼亚州州长合影的爱恩学子

the photo of the Australian state of Tasmania governor and AIEN Student

我们一起来分享一下"寒门贵子铸就留学梦想"马春广的真实报道。

留学,这几乎是一个"富家子弟"的代名词。对于穷人家的孩子来说,这或许只是一个奢侈的梦吧。然而马春广,这样一个从大山沟里走出来的学子,不仅有这样一个留学梦,而且在爱恩学院的帮助下,凭借自己勤劳的双手圆了他的留学梦。通往梦想的路途有时是荆棘遍布,艰辛异常的。在庞大的留学大军中,他似乎显得有些独特,然而,或许这样的一份留学经历,对他而言有着更加不一样的意义,也更加值得我们去品味、学习。

出国留学这个令很多人兴奋不已的消息带给马春广的却是喜忧参半的心情,喜的是自己可以有机会像其他人一样去闯荡世界,开阔自己的眼界;忧的是高额的出国费用会让家庭严重透支,父母的白发也提醒着他的两难处境。但令马春广感到欣慰的是,他成功地申请到了上海为留学生提供的 3 万元出国留学补助,还有一双慈母一针一线为他缝制的暖心布鞋。正是凭借这笔赞助和母亲的爱心让他勇敢地迈出了留学的第一步。进而克服万难,靠着自己的努力,一步一步地完成了自己的留学梦想。

在爱恩学院生活的三年多,学院给予了马春广很多的关怀和帮助,他对于学院的热爱也是发自内心的。他说"我接触世界,接触澳洲,尤其是塔斯马尼亚洲,都是从爱恩学院的学习开始的,爱恩的学习对于我在国外的生活帮助很大。一方面对于我在英语口语方面的提高;另一方面,对于澳洲课程的学习方式做了一个很好

马春广与澳大利亚塔斯马尼亚州州长的合影

的铺垫。"在他看来,爱恩学院的特殊之处在于中澳国际合作办学的模式,学生入院以来都是处于一种中西文化交融的学习氛围中,对于学生的国际视野的拓展提供了一个很好的平台,这后来也直接影响了他做出国留学的决心。马春广对于爱恩学院小英课的学习也是印象深刻,他说:"我们大部分的大学生学习英语的时间都在十年左右,然而'哑巴英语'的困局依旧是个未解难题,而爱恩学院的小英课程正是打破'哑巴英语'的一记重锤,让你'开口讲英语,敢于讲英语,流利地讲英语'。

海外课堂爱心小天使
寒门学子的春天

海外课堂爱心小天使昭告天下才子:任何挫折背后都有一份精美的礼物。爱恩学院合作的澳洲塔斯马尼大学拥有 126 年的历史。大学特设了塔大奖学金,让寒门学子可以迎来充满希望的春天;让品学兼优的孩子们都可以有机会享受到国际教育的资源;澳大利亚维州的大学每年也都会向中国学生提供多达 70 项的奖学金。让我们温情感受到"爱心奖学金"的鼎力支持。

现在马春广已学成回国,他选择了"反哺"爱恩学院,他感恩学院以及所有帮助过他的人们。所以他选择了回到祖国母亲的怀抱,回到爱恩学院,成为了一名爱恩学院的大四辅导员。他要用自己最灿烂的日子,献出自己所有的爱,将这份永恒的感恩延续下去。

天将降大任于斯人也,必先苦其心志,劳其筋骨。马春广说生活的这份历练是上天赐予他最宝贵的精神财富,他心存感恩。在此,我们祝福他在人生道路上所选择的爱恩学院之路永远传承教育是爱的甘露!

爱恩学院院长是一位 79 岁女士,她幽默诙谐、妙语连珠、智慧豁达。我们请教她的保持活力的秘诀:爱恩孙院长笑呵呵地说:"小秘密嘛就是三个字:爱孩子,有爱学生的心就有好心态,幸福就是一份有爱心阳光快乐的健康心态,这就是我每天精力充沛的秘诀。我要感恩每年新增四百多名的爱恩学生的爱心陪伴:这种相伴是心灵的交流,爱的流动,彼此暖心,彼此感恩,彼此成就。爱恩学院的学生们都是我此生最亲爱的宝贝孩子们"。孙院长设立了"孙行佳奖学金"来支持学生们享受国际教育的乐趣;她还倡导学生孩子们参与更多的社会实践和海外课堂。

(资料来源:由爱恩学院提供)

十二、爱心如歌

the love likes a beautiful song

他是一位热爱中国五千年灿烂文化的澳洲有志青年,他也是开创华语"流行音乐中国风",素有"亚洲流行天王"之称周杰伦的澳洲忠诚粉丝,他是"中文通",在仅仅 24 个月的中文学习后,他已经可以流利为中澳友人做同声翻译了。他还热爱驾驶摩托车的酷炫运动,创作音乐也是他的追风梦想,跟着心走! 他就是澳洲的天赋青年:年仅 23 岁的劳伦斯(Laurence)先生。

就在劳伦斯 19 岁的时候,他经常会莫名其妙地一次又一次地摔倒,医院的诊断书出具了劳伦斯患有罕见的骨肉癌的病症。面对晴天霹雳的噩耗,劳伦斯选择乐观地迎接挑战:一定要跟着心走,按照自己的心愿去做事,珍惜每一天的时光! 2012 年感人的一幕开始回放:澳大利亚墨尔本迎来了融合中西方之多变风格,四次获得世界音乐大奖的创作歌手周杰伦,作为周杰伦的爱心歌迷劳伦斯兴致勃勃的往音乐会奔去,就在墨尔本的机场,劳伦斯突然剧烈大吐血,癌症病情急转直下。周杰伦的内心被深深地打动了,特别为劳伦斯发来了爱心问候语。

在历经和病魔作战的四年中,劳伦斯的坚强意志力已经创造了生命的奇迹,他还全力支持并参与了华夏君之梅舞蹈团的创建。他的中澳梦:是在 2016 年成功实现做中国舞台剧的音乐编辑,即将上演的舞台剧凝聚着劳伦斯的大爱和心血,他在尽心尽力做中澳国际文化交流的爱心使者。他觉得成就自己喜爱的事业也是人生的幸福!

海外课堂爱心小天使

传递正能量

海外课堂爱心小天使:当我们了解到这位有爱心、有梦想、有追求的澳洲天赋青年劳伦斯(Laurence)的真实故事,我们佩服他的非凡气质和超然精神。今日,劳伦斯仍与病魔作战,即便在病痛中,他仍然坚强而乐观地为传播中国文化做出热情无私的奉献。他的爱心如歌,情暖人间,将中澳的大爱情深,传递给莘莘学子的都是满满的正能量。

十三、汇聚爱心

convergence of love

　　打开欧美同学会全球北京大学校友微信群,到处可以看到全球的北大学子们爱心点灯:爱的呼唤——帮助抗癌5年的魏延政博士战胜骨癌的爱心捐献!我们北大学子非常敬佩他在身患重症的情况下依然保持着积极乐观向上的精神,恳请大家爱心接力!

　　魏延政博士,1994年考入北京大学计算机学院,并在北京大学国家发展研究院兼修双学士,毕业后出国深造,先后获得新加坡国立大学硕士和英国南安普敦大学博士学位。魏延政学长才华横溢,书法更是一绝,在国外留学时候经常给洋老师们惊喜。魏延政近几年为人们所熟知,不是因为他俊朗的外表和广博的学识,而是因为他与恶性肿瘤抗争时展现出的坚韧、乐观以及勇敢无畏的人生态度。在奋争的同时,他还积极地用讲座、博客、微信,来向公众传播积极向上的正能量,感动了无数的人。并且,他还是一位温情的丈夫、慈爱的父亲。

　　大难临头,选择坚强:魏延政怀抱的孩子,是他的幼子"未来"。当2011年,妻子身怀六甲时,魏延政被查出"透明细胞肉瘤"——一种罕见的恶性肿瘤。得知这个不幸的消息后,魏延政这个从北大出来的学子,与妻子一起,给还在母腹中的孩子起名"未来"。这对恩爱夫妻在听到噩耗时,把希望寄托在未来身上。

　　这种很罕见恶性程度很高的癌症,没能击垮这位来自天山脚下的铮铮硬汉。重击之下,魏延政用行动诠释了北大精神——独立与自尊。时至今日,经历过几次大手术,包括右腿膝上部的高位截肢和肺部手术,放疗、化疗,魏延政还在顽强地与癌症进行抗争,如今已是第五个年头!魏延政没有一天放弃过生活和奋斗。截肢后,他带着幼子回新疆老家当面告知年迈父母,解释癌症不可怕;他单腿独自驾车去西藏圆梦,寻求精神感悟;蔡元培校长提出的"思想自由、兼容并包",后世引为"北大精神"。但那是指健全人,是"达则兼济天下";魏延政"穷则独善其身",平静地、从容地、甚至优雅地承受苦难。面对癌症,没有人会不恐惧,魏延政克服恐惧的方法也很"北大"——回到学问。他常年坚持在复旦听哲学课,写文章,编订《魏延政智库》分享心得;他制作的微信公众号《魏延政智库》,其中的《哲学的一万种可能性》、《关于爱情》、《江湖行》等文章,都广为流传。他应邀从居住地上海几次回到他心爱的北大校园,给大家做讲座,参加校友俱乐部活动,利用自己的专业特长帮助校友企业写方案,做翻译,开展培训。如果您曾在燕园里见过一个年轻人拄着手杖蹒跚独行,也许您就见过他!

"没事，应该还能站起来！"。魏延政也有这种"自己担当、不求人"的风骨。几年来，他和妻子无数次婉言拒绝校友们的捐助，固执地、低调地依靠自己讲课来换取微薄但有尊严的收入，直到这次他彻底倒在病榻上。去年十月，魏延政怀抱"未来"登上长城；今年十月，他还能再次当"好汉"吗？

魏延政和他儿子"未来"登上长城

如今，魏延政的第五节脊椎骨也被癌细胞侵蚀了，已经不能站立，魏延政还在抗争，为了儿子，为了家庭，也因为他骨子里北大人的那股坚韧！魏延政在电话里还是朗声笑谈："等我换了那节被侵蚀空了的椎骨，应该还能站起来！"他的笑声让人心疼。我们为有这样的校友感到骄傲！生病这些年，魏延政从不麻烦别人，反倒是力所能及的帮助身边的人们，他说"在病房里，我是病的最重的一个，可也是笑声最多的那一个，鼓励大家加油啊！"。

为魏延政募捐的微信页面截图

作为魏延政的校友，我们向全球的北大校友以及善心人士求助，募捐99万元用于挽救魏延政博士的生命，深情呼唤魏延政校友回到我们的身边。

爱心捐款活动只用了一天多的时间就成功募捐到99万，感激大家的善心大德，这也是爱的力量。祝福魏延政学长早日康复！

欧美同学会北大分会的罗佩明校长还到处打听："请问现在还接受捐款吗？我似乎昨晚看到捐款已满99万，不再接受了。我们还想多捐些，再多给魏学长一些爱心救助，请帮助确认一下。谢谢！"

感人的一幕又一幕，在眼前上演：滋养心田、震撼心灵。编织成一幅好让人心动的全球北大学子爱心点灯图。

（资料来源：由欧美同学会北大分会提供）

海外课堂爱心小天使

让爱的心代代相传

　　海外课堂爱心小天使：抗癌博士魏延政学长一定会心灵感应到我们的暖心之爱。大爱爱世界，小爱爱家园。爱画成一个圆，大圆是地球，小圆是心愿：让我们的爱感动世界，换回生命的奇迹。此次救助感谢中国社会福利基金会 919 大病救助工程由中国社会福利基金会发起设立的大病救助公益项目，旨在搭建全国公募平台，通过整合包括政府、大病救助NGO、爱心企业、医疗机构、媒体、志愿者团队和社会公众等各类社会资源，为大病困境群体提供专业实效的救助服务和公募筹款等支持。传承爱心，撼动心灵。让爱的心代代相传！

十四、一岁半的"新娘"

a bride who is only one and half year old

　　看到一则有关一岁半的新娘的真实故事,生命之爱感动人心:一对年轻的英国父母为自己一岁半的女儿举办一场隆重的"婚礼"。由于罕见的致命脑瘤,"小小新娘"被医院判断为最多只能再活 48 个小时,为了让女儿免受治疗的痛苦,善良的父母默默地把爱女带回了充满爱的家。而这位心碎的父亲巴纳德先生更坚持要送给爱女一场梦幻的婚礼,把爱女"嫁"给幸福的天堂。

　　在"婚礼"的当天,母亲萨梅为宝贝女儿穿上了美丽洁白的婚纱,把她打扮得像天使一样的美丽。婚礼快要结束时,"小小新娘"梅莉宝宝在爸爸的怀里甜甜地睡着了,参加婚礼的每一位嘉宾都忍不住泪如雨下。

　　海外课堂爱心小天使对天堂里的妈妈说:"请帮助多多关照这位小宝贝梅莉,多抱抱她、多亲亲她、多和她说说话,就像您在人间爱我一样来爱她。妈妈一定感应到我的动情,因为,我感觉到慈母之爱的眷恋。"

海外课堂爱心小天使

梅莉的心愿

　　海外课堂爱心小天使解读身着洁白美丽婚纱梅莉的心愿:"最亲爱的爸爸巴纳德先生,最亲爱的慈母萨梅妈咪,如果爱可以衡量,你们就是我的全世界,谢谢你们带我来到人世间:你们给予我最暖心的微笑;最温情的拥抱;最幸福的亲昵,让我觉得世界多么美好呀! 我爱爸爸妈妈的声音,我爱爸爸妈妈的气味;我爱爸爸妈妈的模样;我爱爸爸妈妈的一切的一切。我不是偶然成为你们的女儿,我们都体验了生命的期待和世界的祝福,才有缘相聚,在我们最宝贵的生命旅程里,我们彼此无法取代。我此生最大的心愿就是让爸爸妈妈开心。于是,我希望如果有来生,我一定要成为一位白衣天使——杰出的攻克癌症肿瘤绝症的科学家,让成千上万的绝症患者重获新生,让爸爸妈妈和宝宝永远健康快乐在一起。我让世界见证我的心愿,我坚信:若干年后,智慧的人类一定会创造出挽救绝症患者的科学妙方——见证世界奇迹。如果有来生,我还想做你们的爱女。在我今天的幸福婚礼上,我送给我最亲爱的爸爸巴纳德先生和我最亲爱的慈母萨梅妈咪永恒的爱和最美好的心愿!"

海外课堂爱心小天使觉得这感天动地的亲情之爱,让人热泪盈眶,感同身受。

于是,对梅莉的爸爸妈妈说:"一定要让身着洁白美丽婚纱的小公主梅莉在海外课堂一书里永生。"此刻,海外课堂爱心小天使拿出爱心魔棒穿越时空,幻化成梦想画面:我们仿佛已经看到梅莉的心愿都实现了——攻克绝症的医学科学家梅莉像中国的女性科学家屠呦呦奶奶一样站在诺贝尔奖的奖台上,她已经成功实现让健康快乐的活力细胞融满全人类的生命之光,梅莉的爸妈和她幸福的一起站在领奖台上,见证这全世界的奇迹,传播爱和幸福的福音。

第三篇｜海外课堂的智慧

十五、大自然赋予澳洲生灵的智慧

nature produces the wisdom for all Australian creatures

大自然处处是课堂:桑德斯卓姆与家人来到澳大利亚维州 Cape Otway 度假。一只好奇的胖考拉为桑德斯卓姆一家带来了惊喜。度假完毕驾车回家的路上,这家人看到路上有一团毛球在跑动,试图穿越马路。桑德斯卓姆以为是一只狗,便停车想将它带离马路。走近一看才发现是一只胖乎乎的呆萌小考拉,大概是迷路了。只见它大摇大摆地走向桑德斯卓姆,伸手撒娇,请求抱抱。还衔着凝绿的碧叶作为爱心礼物送给桑德斯卓姆,之后迅速着迷上了桑德斯卓姆的健美之长腿,顺着健美长腿向上爬。

"爬人"的考拉

衔着绿叶的考拉

原来,这只考拉把桑德斯卓姆当成了一棵树。"它试图穿过马路,我们让其他车辆停卜,方便它通过。"之后它就想"爬"我们人类朋友了。比起爬树,这个小家伙似乎对人类的兴趣更大。"多亏桑德斯卓姆一家,这个呆萌小考拉最终安全了,并且爬上了一棵真正的树。

(资料来源:维州呆胖考拉迷路,不爬树,反"爬人"[EB/OL].澳洲网,2015-12-03.)

海外课堂爱心小天使

迷路呆胖考拉之心声

海外课堂爱心小天使解读澳洲迷路呆胖考拉之心声:"虽然我看起来是呆是胖,事实上我就如智慧中国之典故:大智若愚。"看看,我这气质不同凡响吧,连慈爱的彭妈妈都千里迢迢来抱我了。哇!被抱的那一瞬间:我心跳加速,幸福指数一路攀升,全身心体验到彭妈妈那美丽和智慧兼具的魅力,激动得我热血沸腾,小脸儿涨得通红。我很想用人类语言说:"亲爱的彭妈妈,把我带回我仰慕已久的美丽中国吧,请收留我,我真舍不得你把我放下,我很想追随您,我憨态可爱,每天能带给您乐呵呵的好心情。"的确,呆胖考拉是情商和智商都颇高的生灵:在迷路混乱中,它镇定心静,急中生智,以超可爱之音容笑貌和泻碧拥绿的叶子礼仪之术赢得人类的慧心之笑和酥化的心,已达成功快乐之路!此乃大智慧呀!可见澳洲可爱考拉颇有中国《老子》中"大智若愚、大巧若拙、大勇若怯"的古风。

十六、93 岁"澳洲祖母"的智慧人生
the 93 year-old grandmother's wise life

　　在澳洲,我们享受着在澳洲本地家庭居住(Homestay)的温暖幸福。开开心心照顾我们海外课堂学子 Homestay 是一对爷爷奶奶:爷爷 78 岁,奶奶 75 岁,每天给我们做好吃的,在厨房上贴了个开红酒的幽默冰箱贴——澳洲爷爷奶奶说他们属嘻嘻哈哈型配上我们整天左蹦蹦右跳跳的动感地带,太棒了!他们每天还开车接送我们上学。他们有两部车、房子很大、布置很精致、家里很干净、很舒适。整个家充满了轻松愉快,温馨和谐。爷爷奶奶很热情,他们打算周末带我们去海边度假,享受天然大氧吧。还要到一个很大的动物园看考拉宝宝。眼前的爷爷奶奶,身体健康、精神矍铄。

　　海外课堂最美领队采访他(她)们,为何要做 Homestay?他们的回答让人心生崇敬:"我们愿意和孩子们在一起,和孩子们在一起我们很快乐、很年轻。我们喜爱孩子,我们的孙子辈已经长大了,也积累了丰富的教育孩子的快乐经验,我们想通过 Homestay,让别的国家的孩子也感受到我们的爱。同时,我们也想通过这样一种方式,了解其他国家和民族的文化,也要向外国人学习。"

　　交流中,澳洲爷爷奶奶不断称赞我们的中国孩子聪明,说中国孩子品行好,习惯好,Very Good Chinese Children!(非常好的中国孩子们)孩子们优秀,爷爷奶奶更出色,Very Good Australia Grandparents(非常好的澳洲爷爷奶奶)!我们热情地特邀他们到中国做客,衷心希望把他们的乐观、积极、永远年轻的精神传递到中国!

　　海外课堂最美领队分享:她曾看到澳大利亚布朗学院校长 Kay 女士在有百年历史的浙江大学授课的情形:Kay 校长仪态

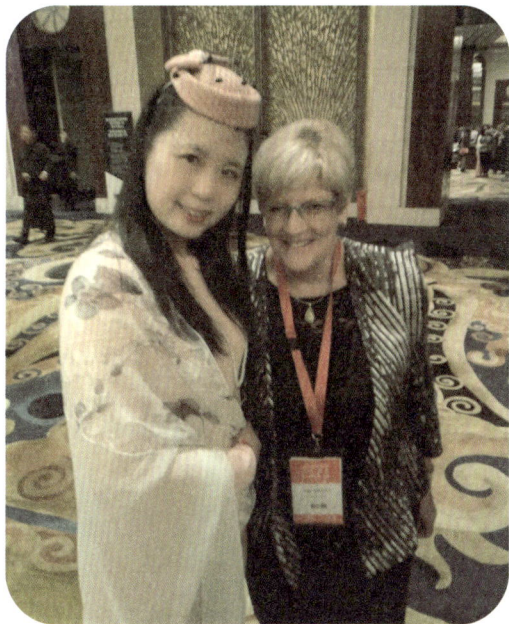

Kay 校长和作者

端庄,精力充沛,很难想象 Kay 校长已经 70 多岁了,整整一下午,Kay 校长还穿着很高的红色高跟鞋坚持站着授课:表达了对中国学员的真挚尊重和高雅礼仪。中方学员觉得很感动,课间休息时,中方学员们纷纷与 Kay 校长合影,希望把 Kay 校长的敬业精神永远留在中国。

Homestay 的爷爷奶奶还介绍我们认识邻居 93 岁的祖母:我们问邻居阿婆:"为什么您妈妈 93 岁了,还能如此健康美丽优雅?"她说她妈妈一生大度,从不计较恩恩怨怨,很大气!这份豁达的心态成就了她妈妈的健康长寿。她妈妈曾遭遇过夫君早逝,留下独自扶养六个孩子的重担;她妈妈也曾经历过白发送黑发的失子之痛;她妈妈也曾感受过小女儿天生弱智的伤心,但她妈妈总是教育她们:"就是天塌下来,也可以舒舒服服地当被子盖。"她妈妈说:有一天,从特殊学校回来的小女儿高兴地说:"妈咪,我今天和我最喜欢的男生坐在一起画画,我好开心,好幸福呀……"她妈妈突然意识到她的天生弱智的小女儿其实是和我们一样有爱的能力去享受这世界的美和幸福,从那以后,她妈妈调整出一份乐观的好心态去挖掘爱画画的小女儿绘画天分,于是,成就了一位绘画天才的美好人生。她妈妈以自己的真实经历影响着她们的成长:无论一生遇到什么困难都要坚强而愉快地生活着! 93 岁的祖母的双眼笑得像月牙儿一样可爱,她说:"我一定会享受一个世纪的年轮:激情与年龄无关,青春是一种心永远年轻的状态!"我们都爱 93 岁的祖母和她人生的智慧!

海外课堂爱心小天使

人生之大智慧

爱心小天使心情感言:93 岁祖母的智慧人生告诉我们,痛苦使人反思,反思使人明智,明智使人快乐,快乐使人幸福。人生的幸福之处在于:感恩点滴快乐的同时,只有把痛苦转化成幸福的开阔心胸,才是人生之大智慧。希望我们都做幸福智慧的人。

十七、中澳国际教育的混血结晶

the birth of combined degrees—an integration

between Australian and Chinese education

一分耕耘一分收获,爱恩学院颁发中澳双学士学位:这是双份付出,双份收获。此乃中澳国际教育混血结晶的诞生。

吴小艺同学的英文毕业论文是《海外课堂在国际合作教育项目中的市场影响力》,她热情向我们介绍很受欢迎的一处天地:爱恩学院一楼设有实训基地取名穿越时空,可供同学们进行自修、小组讨论、实训以及日常的聊天。温馨的风格给同学们带来了一种家的感觉,增强了同学们对学院的归属感,今天大四准毕业生们在这相聚愉快下午茶,聊聊快乐毕业论文组的心情感受:

我们爱恩学子有爱心、有耐心、乐观坚强且有大勇之气。那是在甲型传染性流感 H1N1 不邀而至的时期,意外感染或疑似感染病毒的外籍友人被隔绝在特定的宾馆内封闭治疗。爱恩学院的学生志愿者们纷纷雪中送炭,想着办法给患者看各种正能量的卡片(黑暗总会过去,阳光总会来临,每天提升正能量,心中充满小太阳);听动听欧美轻音乐;看经典喜剧片;还学做国际幽默大师卓别林的哑剧肢体语言,用搞笑的元素博得外籍友人的开心笑容。使得压抑的病房变得轻松起来,也自然促进患者的免疫力、抵抗力快速提升——积极配合医护人员的治疗。爱恩志愿学生们也考虑到外籍友人习惯西方饮食,还临时成立了一个西餐美食小组——马上学以致用地把从澳洲烹饪课堂学到的新知识,运用到社会实践当中去。医护人员称赞爱恩志愿者不仅仅是语言的桥梁,也是慰籍心灵的天使。

爱恩学院女生居多,有人问及:"爱恩学院是不是女子花儿学院? 如前人之训:如若女子被培育得有爱心懂感恩,势必会兴旺一大家族的三代人,也会优秀一个民族。生命因女人而起源,世界因女人而精彩,此乃积德之举!"王俊杰同学于是粉墨登场:"嗨! 识时务者为俊杰乎,本书生应是 7 尺男儿,鼎立于爱恩学院大爱之上",曾被论文导师寓为"才华之王子"。

王俊杰同学谈到他亲身经历的一个故事:"令我印象最深的是上学期爱恩学院派我和其他 3 位学生担任澳大利亚塔大交流生的导生。在整个一学期中,从开始的牵强附会到最后成为知心好友,都记录着中澳跨文化、跨习俗沟通的点点滴滴。中方爱恩导生给澳洲学生特别自制了符合他们兴趣的中文学习课,比如对于爱运动的澳洲同学,我们安排他们在各种体育运动中学习中文;爱购物的澳洲女生,不仅仅欣赏了中国美丽旗袍的魅力,也享受了中国男生帮拎购物提包的绅士风度,更学会了一口流利的中文购物习语,一举三得;对于爱美食的澳洲学生,我们就一起包饺子、做粽子、也尝试一起做西餐,在色香味俱全的美味环境中,我们互相学习各自的语言和文化习俗。爱美食的澳洲同学,说的最好的一句中文就是:"注意! 一大批美食正在向你靠近!"澳洲同学们的学习兴趣因此也被激发起来,一个个热情洋溢、高兴地说:"Chinese language and culture are very interesting, we love it. "(中国的语言和文化太有趣了,我们爱上它了)。澳洲同学自然而然积极主动地学习中文,包括其背后的有趣故事,中澳学伴们一起体验上小课时的互动、一起参与养老院和残障院(悦苗家园)志愿者活动、一起为了筹集捐款而举办的智力竞赛……爱恩学子和澳洲同学成为彼此互学语言和文化的"小老师",我也是第一次感受到教学相长的乐趣。我的英文口语和口译水平如直升机一样直线上升,幸福指数也攀升起来。同时,我们也是快乐的"小学伴",形影相随,也是彼此的'影子'老师,所以我深入感悟到:原来兴趣才是最好的老师呀!"

一片开怀的笑声吸引我们的视线,是刘思微同学,她正创新性地提议把澳大利亚袋鼠妈妈的头像打印在餐巾纸上,来大幅度提升大众对澳洲的关注度。是超萌乐观的小公主。她不仅天生幽默好性格而且善于脑筋急转弯,她的阳光风格是这样的:如果在学习和生活中遇见困难时,咱的任务就是把头疼事变成养脑事,让绝处逢生。微笑向前,遇见最美好的自己。天再高又怎样? 踮起脚尖就可以更接近阳光呀。总之,咱就是这样阳光可爱的好姑娘!

刘思微同学继续着她的袋鼠妈妈和宝宝的开心一刻:"我们发现澳大利亚的袋鼠妈妈的肚肚上有个爱心小袋袋,那是装什么的呀? 噢,那是装小袋鼠的呀。咦! 怎么小袋鼠的小肚肚上也有个小小袋袋,那又是装什么的呀? 噢! 那是装好吃的美食袋。袋鼠妈妈吃了小袋鼠袋袋里的美食,心情会很好,会马上变成快乐妈妈。拥有一位快乐妈妈是送给宝宝最幸福的礼物。"

刘思微同学说她要很严肃认真地说几句了:"总之,爱恩学院成就了现在的我,今天我以亲爱的爱恩学院为荣,我希望在今后不久的将来,爱恩学院也能以我为荣。爱恩学院是用爱和感恩培育了一代又一代优秀可爱的学生们。我们要用轻松愉快的美丽心情成就爱和感恩的永恒传承——大爱我们身边的每一个人。"

在我们的快乐毕业论文组里,还有一位媒体事业的爱好者,外号:"天才记者",她是气质高雅的王丹妮同学。她的逻辑思维能力强,颇有资深记者之气度。她说:"爱恩学院这种中外合作办学的方式,兼取中国教育和西方教育的优点,形成了一种更优化的模式,吸收了中西方教育之精髓。一方面,在中国的校园,我们可以在自己相对熟悉的环境里逐步接触适应西方教育。在这种情况下,我们能更好地锻炼自己的独立思考能力、课题研究能力。同时,还可以拥有一个国际化的平台、全英文教学、和澳洲外教以及留学生深入交流。另一方面,我们除了澳洲外教授课之外还有中国老师针对重难点进行进一步讲解,为我们提供很多指导,这样也弥补了纯粹西方教育的局限之处。总之,我觉得像爱恩这样的教育模式是取中西方之所长的更优化的教育模式。取长补短,智慧之融合。我受益匪浅,心存珍惜'。

分享快乐,福己及人。李晨媛同学正笑盈盈地和同学们用中英文分享成功的喜讯:Because of this final essay called across culture management in my university time, I was recruited by an internship position in 3M company, which has a long agreement with ANZ(因为我的英文毕业论文写的是跨文化多元义化管理的研究课题,因此我拥有了一份在3M集团实习的机会,它是与澳新银行达成了长期合作协议)。

海外课堂爱心小天使

幸福是内在的

海外课堂爱心小天使之感受:"真正的幸福是内在的——是品尝到内心平和、智慧和精神之爱的蜜露。"

齐芸芝同学是快乐毕业论文组的小组长,她柔情似水,如琼瑶笔下的才情女孩——云淡风轻,随意放飞美丽心情,是对她温柔的写照。耳边又想起她的美丽声音:"老师,这是全组的论文答辩的准备资料,我已经全部检查过好几遍了,我就是希望老师您别太辛苦了;老师,您放心,我已经和问题组员好好谈心了,所涉问题已经解决。一定会:不开心时,记得要让心情转个弯;即使天黑了,心还是要亮着;老师,累了,让眼皮有个深情的拥抱吧!"那么,有这么心疼、体贴老师的好学生、好组长、好孩子、好朋友,老师是感动而幸福的。

还有高大英俊帅气的赵志豪同学,他感兴趣的行业是餐饮业——"你对三餐胃口好,生活还你强健体魄"他也继学长之路,马上开启快乐毕业论文之旅。

十八、市场的智慧

wisdom of the market

在海外课堂,我们运用中国人的思维,导演了一场"孙子兵法"在市场营销实战中的运用。澳方学生扮成中国古代的智者《孙子兵法》的作者孙武爷爷,而中方学生则负责翻译和解惑答疑。

华裔的市场营销导师首先从五个方面分析了《孙子兵法》中的市场智慧,即:营销需借势;知己知彼,百战不殆;不战而屈人之兵;奇正相生;避实而击虚。《孙子兵法》的中心思想是力求以智谋胜敌,而不只以力胜敌。在首篇中提出"夫未战而庙算胜者,得算多也。"是啊,只有"庙算"的战争注定会是百举百捷,那么,同样道理:要有精心策划的营销大智慧,市场行为才会马到成功呢。"有算"而想"胜"就是水到渠成。"运筹帷幄之中,决胜千里之外",振奋人心和充满希望的市场营销策略已经事先在头脑中!

市场营销导师让中澳学生选择:从上述五个《孙子兵法》中的市场之智慧中,选一个智慧做案例分享,经小组讨论和无记名投票:"知己知彼,百战不殆"为首选。

海外课堂最美领队也引用孙武爷爷之语:"胜兵先胜而后求战,败兵先战而后求胜。"要有了胜利的条件后再开始适时行动,而不是左顾右盼,边干边说,如果把市场营销当作赌博就如同投机买彩票一般了。那么胜利的条件都是什么呀?孙武爷爷又说了:"知己知彼,百战不殆"。

扮成中国智者孙武爷爷的澳洲学生问"我是智者孙氏,大家知道什么是知己知彼吗?"让后用英语小声说:"Honestly, I do not know what does it mean even though I look like Mr. sun, classmates are laughing at me. As long as you are happy, I am willing to do so. But I am so interesting in knowing this wisdom which is so charming, I pretend to ask a question to learn it and keep in heart. So my classmates will not tease me". (老实说,我压根没有弄清什么意思,虽然我现在表面上被装扮成孙智者的样子。同学们一见我的古今中西合璧的妆容,就开怀大笑。反正可以让大家快乐,我也就心甘情愿。不过我真的很感兴趣学习如此迷人的中国智慧,急中生智:我赶紧问个关键问题,以便牢记心中,不再成为笑料)。

海外课堂爱心小天使觉得很有意思,也参与分享心得:

"知己"便是预防患上营销"近视眼"或得个"自恋情节"。我们要有"清醒"的头脑来对自己的企业的市场定位有客观的认识，通过科学的市场占有率、顾客满意度、通过 SWOT（Strength、Weakness、Opportunity、Threat 译：实力、劣势、机遇、威胁）分析如明镜一样看清自己。

"知彼"很简单的理解就是了解对手，了解市场竞争环境。

海外课堂爱心小天使
中国梦、世界梦、全球智慧大融合

海外课堂爱心小天使：从中国看世界，中国军事理论家孙武先生的旷世之作《孙子兵法》，短短5000言，穿越历史的变迁，时空的尘埃却依旧灿烂夺目。不仅被世界军事界尊为"圣典"，在经济、管理等行业更有众多的忠实拥趸。诸葛道熹商场如战场的观点；美国人约翰·柯林斯的《大战略》都曾指出"孙子兵法十三篇完全可以和2200年后克劳塞维茨的著作媲美……"所有这些古今中外的经典之作都是智慧的源泉，滋养着我们海外课堂学子的心田。这不仅仅是从中国看世界，也是从世界看中国——也会成就大势所趋"中国梦、世界梦、全球智慧大融合"！

十九、澳洲学生所感兴趣的中式案例分析

Australian students interested in case study by thinking as a Chinese

学生们喜欢在海外课堂讲故事、谈案例。澳洲学生问中国学生："什么零售的市场营销模式在中国当下最时髦?"中国学生异口同声地说:"微信营销"。这大大激发了澳洲学生的兴趣。现在中澳学生马上讨论把孙子兵法"市场之智慧"的导论运用到实际案例中:如何帮助电器企业转败为胜?

在移动互联网飞速发展的今天,手机都是我们的亲密爱人,无论在全球的任何角落,都能看到低着头,钟情和手机互诉衷肠的人,它日日夜夜吸引人们的眼球。因此,各行各业,各种各样的微信营销都如雨后春笋一样层出不穷。我们企业的营销又怎样才能独占鳌头呢?

微信公众账号企业想要在微信运营中成功取胜,就必须要知己知彼。《孙子兵法》曰:"知己知彼,百战不殆",就是告诉我们,只有了解自己和对方的综合情况,才能更好地运营企业微信公众号,大功告成。

案例:

有一家电器企业正在进行市场大型促销活动,他们先后在微信、微博等网络营销平台中隆重推出了有关于优惠活动的消息:该家企业像往常宣传促销一样打出了特价、折扣、酬宾等活动。

但是,在企业微信营销取得的效果却事与愿违,这是为什么呢? 原来该企业并没有潜入人心去详细调查市场多重变化和粉丝们的心灵需求。当时很多其他企业也都在实施类似的活动:不但在微信上进行了摇大奖的"你开心,我快乐"的创意活动,而且只要是关注企业的用户都会得到爱心优惠券。

而这家企业只是在微信上推出了传统的折扣降价活动,这样一对比,很多热心粉丝纷纷"心有他属"取消了对该企业的关注,粉丝的心被更有市场创意的电器企业给吸引走了。

最后,该企业不但失去了宝贵的市场份额,还失去了一大批忠实的爱心粉丝。

真是："损了夫人，又折兵。"

海外课堂市场营销导师分析：通过这个市场案例，我们可以感受出：企业如果戴着大大的墨镜，盲目行事，忽视市场考察的重要性，想在微信营销中取胜就如同"海市蜃楼"。微信营销虽然是借助微信公众号为平台来进行的一个虚拟的营销操作，但如果企业不尊重市场的心灵需求，只是凭借一己之愿来承办市场活动、发送消息，那么就不会了解微信市场上的动向，从而就会失去核心客户，更严重的状况可能还会失去宝贵的大市场。想要爱我们的客户，就要听到客户的心声，做客户所喜爱的事。

中澳学生们开始热烈讨论，仁者见仁智者见智，如何帮助电器企业运用孙爷爷的"知己知彼，才能百战不殆"的策略转败为胜？帮助别人就是帮自己，责无旁贷。中澳学生们视此为己任，小脸因激动兴奋而像小红苹果一样，红彤彤。让海外课堂的导师们看在眼里、喜在心头。

通过中澳学生们的热情讨论、小组演讲、优化组合、再次结合中澳学生的共同讨论之精髓，其结果总结如下：

实践表明：只有深入了解企业在微信公众平台上所处的市场综合环境、竞争对垒状态、粉丝心理需求，以及粉丝对企业产品的心智认可程度等，才能根据实际的情况来更好的策划和运营企业微信公众号。为了旗开得胜，中澳学生讨论了重要策略并创意设计孙武爷爷手拿中澳国旗的惊天动地壮举。

海外课堂爱心小天使

唯一不变的就是变化

海外课堂爱心小天使感言：在商场中："唯一不变的就是变化。"

《孙子兵法》的孙武爷爷的大智大慧运用到我们市场策略中时，监督我们企业无论做任何深入细致的调查，都要本着客观的态度进行，要符合市场的科学规律，让调查信息属实，也就是以诚信为本。这样，才可以让企业在微信运营中用事实说话，才能于无声处起惊雷，功成名就。

当诞生至今已有2500年历史的《孙子兵法》的孙武爷爷放眼看世界时候，也就心悦诚服了。

二十、重"情"的福尔摩斯

the "love" of Holmes

为了训练学生们全方位的逻辑思维,海外课堂进行了一场别开生面的福尔摩斯侦探破案游戏和模拟案件的调查。海外课堂教师首先导读柯南道尔的著名侦探小说《福尔摩斯探案集》中,主人公福尔摩斯那智慧、正直的形象。所有的罪犯在他的缜密逻辑推理下都无法逃脱、插翅难飞。他的智勇双全、足智多谋、出类拔萃的形象早已深入人心。

海外课堂教师展示一项案件:启发我们有哪些线索是我们要考虑的,应该如何去发现线索,如何从已知的线索中得出结论。每项给定线索的推理不得超过 5 分钟。同学们根据"犯罪现场"疑犯留下的各项证据,挖掘侦探潜能,齐心合力揭开案件种种谜团。破案中,同学们会因不同意见而各抒己见;因相同想法而高声齐呼;因论证合理而逻辑推理;因提前侦破而兴奋舞蹈。谜底揭晓后,队员们热情更加高涨、互相讨论、交流调查心得和体会。同学们觉得通过这个模拟破案,让我们感受到福尔摩斯侦探的脉搏、呼吸和心脏的跳动。

海外课堂爱心小天使友情提醒:

智慧的福尔摩斯先生也很有爱心。

对一些正义的伸张他是颇为宽容。同学们的思绪马上飞到了两个福尔摩斯先生的故事:

在《冒险史》中的博斯科姆比溪谷奇案中,老约翰特纳为了自己的女儿,除掉了作恶多端的老麦卡锡,福尔摩斯知道真相,但却没有向法庭提出,从而让凶手和死者的儿女能够在一起幸福相处并喜结良缘。又比如米尔沃顿中的那位贵族妇女,为了不让米尔沃顿破坏更多女子的家庭,也是为了给自己的丈夫报仇,她除去了米尔沃顿,福尔摩斯目睹了这一切,却没有阻止正义的伸张。在众多情与法的冲突中,福尔摩斯似乎是站在情的一边。

在这两个动情的故事启发下,海外课堂的学生们情不自禁开始小声议论起来,自发形成了"心灵疏导交流圈",而且讨论声音越来越大——竟然形成两类截然不同的观点。并组成两个阵营展开辩论。

A 组是：人非草木，孰能无情（情融于法）；

B 组是：法律面前人人平等，不容儿女私情（法不容情）。

A 组辩论：

常州法院以"教育、感化、挽救"方针，依法审理各类涉少案件，全面维护青少年权益。推动构建"优化少年司法、携手青春护航"司法协作机制，开展以"庭前释法、庭中感化、判后挽救"为内容的法庭教育。学子们仰慕的鲁迅先生面对雷峰塔的倒塌而写下的《论雷峰塔的倒掉》，来歌颂自由爱情的出奇制胜；美国的州长为老人捐款交上罚款，并且自我检讨对民生的关心不够，真情真意。在他们的心中，法固然很重要，但情融于法也未尝不可，势必平衡。法律总是严厉的，但人情也总是宽容的。我组主张："情融于法，爱汇于心。"法不容情人有情。

B 组辩论：

情与法的话题，由来已久。人们常说"法不容情"似乎一切感情——无论是正义或非正义，在冰冷的法律面前都是一视同仁，"王子犯法，与庶民同罪"；中国有著名传说《白蛇传》中白素贞与许仙的缠绵爱情与法海所代表的天规法令，法是在情之上；在法律面前不能容许人情宽容，熊召政《张居正》第四卷第十回："金学曾实不忍伤害这位慈眉善目的老和尚，但法不容情"；远有美国的一位老人为喂饱小孙子而偷取面包被无情送上法庭，毫无情面。找组主张："法律总是严苛的，法不容情，法与情是水火不相容。"

海外课堂爱心小天使

情与法的冲突

海外课堂爱心小天使：我们欣喜地看到，同学们思维活跃、积极参与、旁征博引、才华横溢。在福尔摩斯生活的那个时代是历史上法律制度尚不完善的 19 世纪，在情与法的相互冲突中，选择情也未必违反了公理与正义。当然，我们并非宣扬徇情枉法，有时严明的法律天平也会向正义之情倾斜罢了。我们心灵感觉到：在福尔摩斯的心里，情与法的天平自有倾斜的一边。如果福尔摩斯先生知道若干年后，有如此多的世界学子们敬佩他、理解他、爱戴他，相信他一定也是欣慰而幸福的。

二十一、国际化视野下的创业精神

international perspective of entrepreneurial spirit of overseas returnees

美丽乡愁:身在异国刻骨铭心的爱!

祖国情结:留洋多年藕断丝连的根!

创业报国:打造中国创造辉煌的魂!

拳拳报国心:留学生——这个真正意义上'睁眼看世界'的群体,使古老中国与现代文明交汇在了一处,身为海外留学人员,总有强烈实现"中国梦"的心愿。在海外的日子越多,对家乡的思念就越深。任凭国外的生活、工作环境多舒适,多优越都无法抵挡住回报"美丽中国"的归属感。

海归创业心灯小调查:

留学生创业的艰辛和困难是什么?

留学生创业者曾经历了公司两次濒临倒闭、生命的挑战和创业转型。在最困难的时刻是生命的伴侣给予了心灵上的慰藉——人间真情之感动:阳光总在风雨后,请相信有彩虹,风风雨雨都接受,我一直会在你的左右。

留学生创业者也曾经历资金不足的困苦时刻:管理层不拿薪、员工减薪。但众志成城——仍创造事业起死回生的奇迹。

留学生创业者也曾要放下身段,忘记海归身份:当九个月没有一个合同;被准客户赶出会议大厅;和农民工同住来节约开支。凭着乐观的心态、强大的毅力和坚持的动力,挺过了高压力的一切挑战。在最艰辛的时刻,也幽默地自我激励:"咱无所畏惧,反正咱老师早就教育咱了:失败是成功的妈妈!"。最终,峰回路转、九转功成!

(真实海归素材来自:由上海市欧美同学会胡仲华提供)

海外课堂爱心小天使心情感言:海归创业学子们相信,爱可以创造奇迹;爱可以升华创业精神;爱可以拥有像海洋一样的胸怀来包容创业的艰辛和教训;爱可以展示我们留学创业者丹心报国的风采。

创业是对创业风险的承受力;创业也是对失败的重新认识。真实创业故事中的海归的学长们都是经历了如同古典名著《西游记》中唐僧师徒西天取经遭受的九九八十一难,取得真经、方成正果、最终地平天成。难道成就大事就一定要经历好事多磨？可不可以踏着一路的轻松愉快，去成就事业的幸福成功？也许海外课堂高情商（high EQ）会给我们答惑解疑?!也许成功学会是启发?!

我们再来一起看看如下的三个小案例：

创业案例一：

迪士尼开张时，迪士尼先生已经去世 20 年。主持人深表遗憾地说：可惜呀，迪士尼没有可以目睹今天的盛况。可是，迪士尼夫人说：主持人没有理解迪士尼先生的智慧和灵魂，她是迪士尼一生的灵魂伴侣，她深深理解：其实，迪士尼在 20 多年前就看到了今天的盛况了！这就是创业的预见力！也映射出迪士尼夫人的智慧和善解人意！创业者是见常人之未见，有一定远见和超前意识的人，是预计和创造市场需求的人。

海外课堂爱心小天使
创业的三大核心要素

海外课堂爱心小天使案例启发分享：创业的三大核心要素：预见力、盈利模式、核心竞争力。当今世界，各国相互依存日益加深，中国的和谐离不开世界，世界的和谐离不开中国。希望小故事蕴含的大道理带给我们智慧的启迪。

创业案例二：

兜售汉堡是个进入门槛特别低，竞争特别大的行业，可是有人却做了上百亿，因为他们掌握了可持续盈利发展的复利模式，它就是成功的麦当劳。

创业案例三：

视窗系统并非是比尔盖茨最先发明的，鼠标也不是乔布斯最先发明的，他们只是聪明地把别人的技术转化为自己的主导产品。而转化和技术升级就是核心竞争力。

二十二、海外课堂的情商力
emotional quotient（EQ）of Global School

有没有简单又效果显著的办法能让人立马快乐起来呢？下面是心理学家情商幸福魔术师张怡筠博士教我们三个快乐小魔法吧。祝我们都"快"乐起来。

魔法一:抬头挺胸

美国有两位专门研究"乐观"的心理学家麦瑟和楚安尼。他们指出,在矫正头脑之前,要先纠正身体。也就是说,先改变您表达情绪的方式,以此改变您的情绪本身。

先从大的体态开始。也就是说,有意地抬头挺胸,昂首阔步。

为什么呢? 生理和心理是息息相关的。

一方面,当一个人抬头挺胸的时候,呼吸比较顺畅。深呼吸是压力管理的妙方。所以,当您抬头挺胸时,"没什么大不了"的气概更容易抒发出来。

另一方面,与肌肉状态有关的信息,也会借着神经系统传回大脑。比如抬头挺胸时,大脑会收到这样的信息:四肢自在,呼吸顺畅。这样的话,大脑更容易得出这样的推论:我现在很轻松,心情舒畅。

魔法二:声调柔而上扬

人际沟通有一个秘诀:重点不在于我们说了什么,而是我们怎么说它。"怎么说"包括语调、脸部表情和肢体动作。

声音的表情容易被人忽视。比如,有人接电话时总是习惯性地、硬邦邦地来一句:"喂!"这就是让人退避三尺的"一字神功"。更离谱的是,如果一听是重要人物(比如上司)打来的,马上语调一变,柔和动听起来。这让电话那头的人有何感想!

如果您不相信语调的魔力,不妨试一试用不同的调子说同一句话。比如,先大吼一声:"真讨厌!"然后,再把这三个字柔柔地,拖着尾音说出来,怎么样? 感觉不同吧。

魔法三:多说"好话"

日常生活中的词可以分为三类:积极的、消极的、中性的。我们说的话是不是积极,对自己的态度及情绪影响很大。比如,常用"问题""失败""困难""麻烦"这些词,压力、无助的感觉也会随之而起。

所以,多使用积极正面的字眼,取代消极负面的说法,可以让我们快快欢乐。比如,不说"有困难",而说"有挑战"。不说"我担心",而说"我在乎"。不说"有问题",而说"有机会"。

除此之外,也可以把中性的字眼变得正面一些。比如把"改变"说成"进步",暗示自己越变越好。当然,真正好的口头禅,还需要您自己字字琢磨,量身定制。

快乐出彩:

三个快乐小魔法:保持昂首挺胸的姿态,柔而上扬的声调,积极的用词。

著名心理学专家张怡筠博士在海外教育分享会提出了全新的"留学情商力"概念。张怡筠博士表示,留学不仅面临着学习能力的问题,还会遇到异国文化适应力、抗压耐挫力、独立生活能力和人际互动能力等一系列情商问题。只有建立优质的留学情商力基础,才能为留学成功加分。"在留学这件事上,并不是会读书,会学习,就能成功的。"她指出,很多中国学子在国外觉得难以融入,她建议学生们要积极跨越自己的心理障碍,提高情商,用善意的方式面对别人,就会比较容易融入海外生活。

(资料来源:张怡筠.情商魔法课堂[EB/OL].爱上情商网,2014-02-21.)

海外课堂爱心小天使
情商和智商都很重要

海外课堂爱心小天使分享心得:情商和智商都很重要,但如今的国际教育学界还被一种全新的教育理念所席卷,那就是 Grit(坚毅)。我们感兴趣创建新型的海外课堂文化——让学生们在学习中面对困难,然后启发学生自己独立思考解决方案"你觉得有什么办法能解决吗?",而不只是给予正确答案。这样锻炼学生自信的构建,"太棒了,我们可以独立解决状况了!"我们要教会学生们不是跑得多快,而是在摔倒之后能坚强地站起来,坚持不懈地朝着智慧人生的方向乐观而快乐地奔跑。

照片由欧美同学会
北大分会学长微信群提供

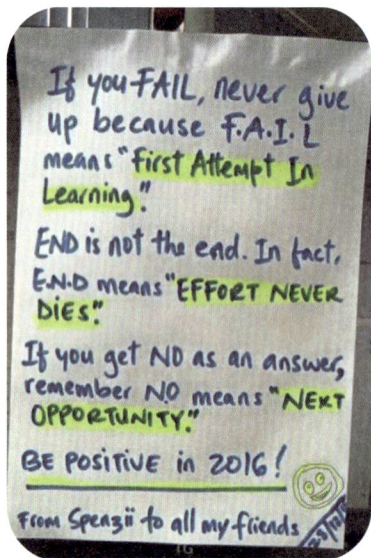

海外课堂爱心小天使

做高情商的快乐传播者

　　海外课堂爱心小天使翻译并解读以上的正能量英文情商课:在英文中的"失败",我们可以解读为:"学习的第一次尝试",因此,我们不放弃。在英文中的"结束"我们可以解读为:"努力永不消逝",因此,我们继续前行。在英文中的"不"我们可以解读为:"下一次机会"。因此我们一定要下幸福的决心;要做高情商的快乐传播者;要具备把任何的负能量都转换成正能量的智慧。

　　欢欢同学参与了海外课堂情商课,有感而发写出了情商小日记:"体验了外国老师的西式教学方式,让我有机会第一次体验了做"外国学生"的感觉,那是一种在自由环境下的独立自主、创新合作。看似简单的一种教学模式,但是在协调方面面时,又会出现各种各样的状况。所以,想要解决它,我们要有符合情商的科学好办法。比如说:在团队中,因为情绪的不适和思路不一致,爆发了矛盾和争吵。怎么办? 有同学说:要摆事实,讲道理;有同学说:要先冷处理;有同学说:要请个第三方——颇为温柔的"和事佬"或"老好人"来。

　　海外课堂爱心小天使亮出了情商小提示:解决问题之前,要先解决心情的问题;有了好心情,许多矛盾就更易水到渠成,迎刃而解了。如同磨刀不误砍柴工一样。当我们拥有了心平气和的好心态,双赢的解决方案就会自然出台。我们依心而行,无憾今生;没有翅膀,也要让心飞翔。

二十三、幸福课

happy course

哈佛大学很受欢迎的公开课,也是校园学子们最喜爱的一堂——幸福课,听课人数甚至超过了王牌课《经济学导论》。而教这门课的是一位年轻的讲师名叫塔尔宾·夏哈尔(Tal Ben-Shahar. Ph. D),哈佛大学哲学与心理学博士。他在哈佛学生中享有很棒的声誉,深受学生们的敬慕,被誉为"最受欢迎的讲师"和"人生导师"。学子们纷纷向校方反应这门课改变了他们的人生,让他(她)们和幸福牵手交心。

塔尔宾·夏哈尔导师总结出了4种人生模式。

第一种汉堡,属"享乐主义型"。戴着厚厚的"近视"眼镜只抓起当下的美味却毫无营养的食品。只考虑了当下的及时快活,却把未来幸福的人生忘得九霄云外。

第二种汉堡,属"忙碌奔波型"。就如同吃着味同嚼蜡的健康食品,虽然可以使人将来更健康,但是当下感受是"恹恹欢意少"。

第三种汉堡,属"虚无主义型"。品尝的食品无味又威胁日后的健康。可谓是眼前和未来的"两处闲愁"。

可不可以有一种汉堡,美味又健康呢?那就是第四种"幸福型"汉堡。一个幸福的人,是平衡好当下的快乐和将来美满的综合状态。

在塔尔宾·夏哈尔导师看来,寻找真正能让自己快乐而有意义的目标,才是获得幸福的关键。

"我们来到这个世上,到底追求什么才是最重要的?"夏哈尔导师坚定地认为:"幸福感是衡量人生的唯一标准,是所有目标的最终目标。人们衡量商业成就时,标准是钱。用钱去评估资产和债务、利润和亏损。所有与钱无关的,都不会被考虑进去,金钱是最高的财富。但是我认为,人生与商业一样,也有盈利和亏损。具体地说,在看待自己的生命时,可以把负面情绪当作支出,把正面情绪当作收入。当正面情绪多于负面情绪时,我们在幸福这一'至高财富'上就盈利了。所以,幸福应该是快乐与意义的结合!一个幸福的人,必须有一个明确的、可以带来快乐和意义的目标,然后努力地去追求。真正快乐的人,会在自己觉得有意义的生活方式里,享受它的点点滴滴。那么我们的'至高财富——幸福感'一定会不断上升!"

海外课堂爱心小天使温馨支持:我们倡导教育是爱,爱是幸福。所以逻辑推理:教育是幸福！幸福感的提升是人类一切目标的终极目标！人生之旅不仅是一场物质的盛宴，而更是一场心灵的修炼,爱的觉醒与传承,是一条让爱心回家的路。也许这就是幸福密码。

幸福芝麻开门的十把钥匙

幸福密码钥匙一：快乐是笑裹舒心语

幸福密码钥匙二：幸福是一份好心态

幸福密码钥匙三：我是被真挚地爱着

幸福密码钥匙四：我给予美好的一切

幸福密码钥匙五：一切都会越来越好

幸福密码钥匙六：深信就一定有奇迹

幸福密码钥匙七：微笑带来快乐和谐

幸福密码钥匙八：幸运大门向我敞开

幸福密码钥匙九：整个世界很需要我

幸福密码钥匙十：真爱是一切的解答

海外课堂爱心小天使

十把幸福密码钥匙

海外课堂小天使鼓励智慧的人们:清晨大声宣读这十把幸福密码钥匙,就会和喝上柠檬甘泉一样沁人心脾。当我们有什么样的语言和想法,就会有什么样的现实生活。为了幸福生活,我们一定要让幸福的芝麻大门为我们欢快的开启,让幸福密码钥匙印烙在我们心灵深处。

第四篇｜海外课堂的体验

二十四、百年别墅之城

the city of one hundred-year villa

澳大利亚屡次被评为"世界上天然风景最美的国家"、"世界最适宜居住的国家"。当我们踏上澳洲塔斯马尼岛的时候,我们真的感受到了这座百年别墅之城的天地美。

若芸同学来自中国江苏昆山,是澳洲海外课堂唯一的女生代表。她就读于中国昆山经济技术开发区高级中学,她情感细腻,文笔优美,是我们的海外课堂的学习委员,她把美丽心情记录下来,犹如把海边拾来的贝壳串成美丽的项环,配在胸前。

若芸同学在心情日记里深情写道:"我喜欢这里的参天大树,喜欢这里低矮的小别墅,喜欢这里热情善良的人们。谢谢澳洲的 Heath 老师为我们在 Tasmania 城市找到了一个崭新的粉色暖水袋,让我在远离中国时,也感觉暖暖的亲情,也感受到了像家一样的温暖;谢谢邓教授的新袜子,让我在鞋子被打湿的时候不再那么尴尬;同时也要谢谢英语赵老师,这一路上对我的爱护,行队中,一直牵着我的手,赵老师的温暖捂暖了我冰冰的小手,也一直温暖着我的心;谢谢 Homestay 的小学伴 Paige 陪我一起上数学课,启发我修改英语作业,带我去感受袋鼠妈妈和宝宝的血浓于水的爱。我们还登上了 Wellington 山顶,这是习主席和彭妈妈曾登上的最

Hazards Beach

(资料来源:Thanks to Tourism Tasmania for the photos.)

高峰,俯瞰整个 Hobart 市心情豁然开朗:我们领悟到当我们的心胸像海洋一样宽广时,我们一定会是幸福的人。一路上我们和雪山为伍和树林礼仪相伴,觉得人生的奇遇就此拉开序幕。塔斯马尼亚,我一定会再来的,不仅仅是这里有着美丽的风景,曾经的回忆,更重要的是,我在澳洲那里还有另一个充满爱的家——等我,亲爱的 Tasmania! I love you,Tasmania"(我爱你,塔斯马尼亚)。

可爱的鸿帆同学是中国江苏昆山澳洲海外课堂的快乐男生,他写下了真实感受:"第一次品尝到了澳洲西餐的时候,心潮澎湃。当吃到西餐的第一口,顿时由刚开始对这个地方的喜欢转换成深深的爱,因为实在是太 delicious(美味)了。窗外是绵绵雪山,室内阳台却阳光融融,如春日光临,四季在此处融为一体。一个树与水情景交融的盆景城市:风吹、树舞、青山和绿水,集天地传情之精华。如梦中情人一般,出发去拾起,魂牵梦萦里的动人风景。我们一定要再次回到美丽澳洲,再次享受澳洲美食、美景、美事。"

天乐同学天生乐观,他的快乐心情日记是:'我们遇见了一个不一样的南半球。巍峨的雪山,广阔的海岸线,一望无际的蓝色海洋,浩瀚的午夜星空,还有澳洲人们特有的热情。今天我们都用英文做了自我介绍,也和当地澳洲学伴们学习语言。下午我们去了 Tasmania 大学:是各州状元才可以入选的医学院,我们还和医学院的博士后姐姐学习沟通;也在习主席参访的南极中心做试验训练:我们实地体验了如何亲自获取海水样本,并通过显微镜观察海洋微生物。这画面,有一种科幻大片的即视感。也许在我们海外课堂的学子中就有杰出的科学家因此而诞生,我们充满希望。刘老师传递最新联合国公报:Tasmania 被评为全世界空气和水质最好的地方,我们享受纯净大自然的恩赐。体验海外课堂的天地美也是我们此行的主旋律。"

英男同学很有爱心,他关爱同学们,组织大家一起烘焙 pizza 美食,还成立了一个运动小组,倡导'我健康,我快乐'。他的心情日记是:"英语中甚至有一个词组专门形容澳大利亚"The lucky country"(幸运之国),它还素有"骑在羊背上的国家"、"坐在矿车上的国家"和"手持麦穗的国家"之称。的确,我喜欢澳大利亚这样如此天然无人工雕琢的大美之气;我也喜欢海外课堂的风格:亲身体验、多参与、多实践、多思考!今天我们去了 field national park(原始的大森林——天然氧吧!)飞流直下三千尺的炫目瀑布宛如精灵,带着古老大地上的原始灵动,那瀑布飞溅下出现的薄雾流云,令我们久久忘情于山水之间,迷恋陶醉;仰头看不到头的参天大树老爷爷;各种颜色的美丽蘑菇争奇斗艳;如芭蕾舞动一般的天鹅;草坪上闪烁的露珠与空气中清新的草香交相辉映。哇!如芝麻开门一样神秘的树门:成就了一堂生动的大自然生物课。还有香喷喷的 BBQ 让我们感受现代和传统美食的融合,也造就了我这样的美食家。下午我们去了有 190 多年的历史的 richmond（石桥，诞生于 1823 年），旁边就是最古老的大教堂，庄严而神圣。有趣的是：一架现代直升机在历史如此悠久的大教堂眼前飞旋直上云霄，哈哈，我们也想插翅齐飞！"。

舒浩同学是位很重感情的男生，他写道：'Homestay 的大姨暖心关爱我们，把我们房间的热炉早早打开了，就忙着给我们去做好吃的了。但是，却忘记给她自己妈妈的热炉也打开了。她妈妈问："对中国孩子的爱超越了对自己亲生妈妈的爱吗？那么中国妈妈一定会很放心把孩子交给我的女儿呀。"她还把哈哈牌啤酒放在厨房，告诉我们：以嘻嘻哈哈的心情去享受美食，胃口会很好，哈哈一乐就会接住开心事！这位快乐的澳洲妈妈就是澳大利亚塔斯马尼亚州政府国际教育与培训司司长 Ms Anne Ripper（安妮聂巴女士）。大姨就是她美丽的大女儿。她家还有一对像天使一样的可爱的小孙女——人见人爱。安妮司长每周六下午都要去澳洲女子学校努力学习汉语，非常认真。最美小孙女总是跟着姥姥一起学习，而且学习中文的热情高涨，深得中文老师的喜爱。最美小孙女请教我们："用中文怎样说 I love you？（我爱你？）"Homestay 的爸爸妈妈希望我们以后再回来留学时，依旧还住在一起，要我们永远

澳大利亚塔斯马尼亚州政府国际教育与培训司司长 Ms Anne Ripper（安妮聂巴女士）、中国昆山经济技术开发区高级中学海外课堂的学生们、伊丽莎白高中校长与澳洲学伴们欢聚一堂（在澳洲的伊丽莎白高中校区内）。

记住还有澳洲的爸爸妈妈等我们回来,澳洲家的大门永远向我们敞开。在送行的那一刻,透过车窗,我们看到澳洲的爸爸妈妈和小学伴们,还一路跟着我们的车窗在追在跑,依依不舍,这浓浓的亲情和淳朴的友情,让人感动。我们一定还会回来看你,我心中的爱,迷人的塔斯马尼亚岛。"

20天后,澳大利亚伊丽莎白高中校长偕澳洲小学伴们来到中国昆山经济技术开发区高级中学,于2015年9月26日签署中澳友好学校协议。

胡熙同学是昆山澳洲海外课堂的小组长,也是中国昆山经济技术开发区高级中学的高三优秀生,他写道:"十天,十分短暂,一步一景,移步异景,却让我领略了一个国家的美丽,一个国家的魅力,令我至今久久难以忘怀"。三个月后,同学们欣喜地看到:中国昆山经济技术开发区高级中学的电子屏幕24小时全天候持续播放喜报:高三班的胡熙同学被澳洲大学录取了。同时,还获得塔斯马尼亚大学颁发的25%的学费奖学金。的确,海外课堂会给同学们颁发澳洲教育部认证的海外课堂结业证书,这对同学们未来申请澳大利亚学校的录取通知书和签证都有巨大的帮助呢!

澳大利亚伊丽莎白高中校长 Ms Dianne Purnell 博士和中国昆山经济技术开发区高级中学邬金福校长签订中澳友好学校的开心时刻(签约地址是:中国昆山经济技术开发区高级中学校区内)。

澳大利亚塔斯马尼亚大学（UNIVERSITY of TASMANTIA）已经签署了我校高三
(7)班胡熙同学的大学入学通知书

2016 年春节,喜鹊飞舞,三喜临门:中国昆山经济技术开发区高级中学的三位学生共同
被澳大利亚的大学录取,他们分别是曾参与海外课堂的英男、鸿帆、大乐。传递快乐,福己及
人! 中国昆山经济技术开发区高级中学的电子屏幕 24 小时全天候又持续播放三喜共情。
祝福亲爱的同学们:留学快乐,幸福一生。

收到了海外课堂学生家长们的感谢信和玫瑰花,海外课堂最美领队觉得喜悦而感动:
"家长们的致谢信和玫瑰花我们心领了,也非常感谢亲爱的家长朋友们把生命中最宝贵的孩
子交给我们,这份信任和托付给我们勇气和力量。"最让我们动容的是:海外课堂临行前,家
长朋友们紧紧握着我们的手,动情地说:"我们家就这么一个孩子,真就这么一个娃,就交给
你们带去了。"我们觉得这位家长的眼神融化了我们的心,她也道出了天下父母心……这份
感动和信任一直鼓励我们,也一直支持着我们! 我们心存感激。也感谢学生孩子们在海外
课堂一路上的爱心陪伴。我们很高兴听到澳洲校方和教育部评价我们的中国学生是高智商
高情商的天才好学生。我们以海外课堂的孩子们为骄傲,孩子们是我们中国父母的希望。
我们昆山澳洲海外课堂秉承:无论遇到什么风雨,我们都要享受最美海外课堂的体验——保

持最美海外课堂的风采。也多谢家长朋友们一路上的厚望、牵挂和支持。我们会永远把这美好记忆留在心底。继续传递"教育是爱,爱是幸福"的福音。

海外课堂爱心小天使

飞走的孔雀项链

海外课堂爱心小天使宣布:澳大利亚教育研究基金会特别写给东方航空一封感谢信,感谢美丽空姐梁曼莉女士帮助海外课堂最美领队把遗失在机舱的孔雀项链找到:美丽空姐梁曼莉女士拿着手电筒,跪伏在机舱地面,在飞机的每个角落耐心细查,还动员同机的爱心空姐们一起来寻找"飞走的孔雀项链"。人生处处是课堂,实地即时向我们海外课堂的师生们展示一堂"奉献爱心"的国际航空课程,也展现了我们中国航空"最美"空姐助人为乐的风采! 多份爱心、多份美好、多份惊喜!

二十五、海外课堂最美领队（A）

the most beautiful team leader of Global School A

海外课堂快乐团迎来了一位"插队女士"，她似春风一般"飘"进来，还带着一对甜甜的小酒窝，她的自我介绍很特别："我未必会是最智慧的，我未必会是最漂亮的，我未必会是最可爱的，我未必会是最幽默的。"全队同学都称赞她的谦虚谨慎，也觉得她传承中华民族之传统美德和即将感受的海外课堂西方文明的交融——将是东西方独特之精神境界。非常有趣，颇是关注她。可是，当她在黑板上写下了署名提示："魏璧惠"不等于"未必会"（只是发音相似而已）

同学们面面相觑，捂嘴窃笑：原来迎来的是一位超级自信的"西式版"呀！有位调皮的男生上前调侃：魏璧惠（未必会）女士是最聪明的，那么，我想请教一下："国际贸易大四班正在公开竞选班花，很多漂亮能干的女生上台后侃侃而谈，争奇斗艳，确实很难分上下。以你的智慧如何夺冠呀？"

魏璧惠（未必会）女士莞尔一笑：做了个聪明一休哥冥想的姿态，然后对身边相貌平平的妞妞同学耳语了几句，于是妞妞同学发言了："如果我荣誉当选为班花，几年后，各位同学姐妹就可以向自己的先生或男友骄傲而自豪地说：'我上大学时呀，比班花还漂亮呢！'"结果，妞妞同学全票当选班花！

于是，魏璧惠（未必会）以"智慧与美貌和

海外课堂爱心小天使

新角度，新智慧

海外课堂爱心小天使跳出来笑谈：当我们遇见激烈竞争的市场，我们换一角度，也许就诞生一新的智慧。

谐统一"的绝对优势当选为海外课堂最美领队。她慷慨激昂地在中国上海浦东国际机场发表行前自信演讲："我们海外课堂快乐团马上将会一起插班澳洲当地课堂，零距离了解澳洲先进教育设施和教学理念，入住当地热情好客的寄宿家庭，体验澳洲人文与自然环境。应澳洲教育部邀请，我们会走进"南极门户"一起寻找"快乐碰碰撞"的友好学校；还会走进澳大利亚国家海洋学院，在南半球最大的海洋实验室动手做做有趣的实验。我们幸福成长在21世纪"公民外交"的时代，海外课堂将携手来自中国各地优秀的学生代表一起探访世界教育最顶尖的百年名校课堂，并与海外课堂当地优秀学生一起快乐学习、建立友谊、参加义工、体验科技、寄宿当地家庭、了解西方礼仪等。我们将游历世界著名学府，激发同学们的求知欲望，

构建幸福人生的理想梦，做一名真正的国际化、知性化的'世界公民'"。

在一片欢声笑语中，我们海外课堂快乐团踏上了悉尼游轮，在船上包揽澳洲悉尼的风光，在海边的歌剧院外景显得格外美丽。我们最美领队的海蓝色"中国帽"，在海风中突然很优雅轻盈地飞跃到海水中，刹那间，最美领队的一头如中国风般的亮丽乌发和澳洲悉尼的海风交融在一起飞舞飘扬，和背景的悉尼大剧院形成一道动感风景线，"目击者"风趣地解读——澳洲悉尼之海也许是一见钟情——爱上了中国的海外课堂快乐团，热情挽留，于是让代表有中国5000多年璀璨历史的炎黄子孙的中国元素的头冠永远和悉尼海之心脏同生存共命运——永永远远幸福在一起。

伫立在雕像前，眺望远处的大海，阵阵海风吹来，如一水隔天涯。已经把中国礼帽"友情赠送"给悉尼海的最美领队的头脑此刻更加清醒了。在水天一色的美景中，和海外课堂爱心小天使心灵分享："传递宇宙之音，可解读为天、海、地默契传情吗？或者此乃天时、地利、人和吗？"

穿旗袍的最美领队

在澳洲，中国元素的旗袍和中国结很受欢迎：被定位为国粹和美之经典。海外课堂最美领队被邀请为"中国风"礼仪：澳洲老阿姨以为身着美丽旗袍的海外课堂最美领队是人模的衣架，很是喜欢，就情不自禁用颤抖的手摸摸旗袍上的中国纽扣。让澳洲老阿姨大吃一惊的是：她这一碰，就像打开了生命之门，身着美丽旗袍的海外课堂最美领队突然在她面前咯咯笑起来了，充满了快乐的呼吸和活力。待澳洲老阿姨缓过神来，她高兴地一个劲地竖起大拇指说："Chinese girl is so beautiful like an angel, Chinese Qipao is so charming"（中国女孩像天使一样美丽，中国旗袍如此迷人呀！）。澳洲人纷纷拿出相机拍摄中国旗袍之美。在闪烁的拍摄灯光中，也映射出澳洲人如此喜爱并欣赏中国的古典之美：陶醉其中也乐在其中！

二十六、海外课堂最美领队(B)

the most beautiful team leader of Global School A

澳洲女生问海外课堂最美领队是不是校花？海外课堂最美领队幽默笑答："我的妈妈从小教育我：如果校花不关注心灵修养，就会一不小心变成笑话！"

澳洲女生又问海外课堂最美领队为什么步态如此飘飘若仙？海外课堂最美领队幽默笑答："因为我们的英国形体教练让我们每天头上顶着一本书练习走路。练习时，让我们想象腰儿像杨柳一样柔软宛若仙女下凡，花洒人间。"

澳洲女生很羡慕东方女性的皮肤细嫩、紧致年轻。常常看到40多岁的东方女子像是20多岁般的容颜靓丽。见到来自东方的海外课堂最美领队，自然很感兴趣问问全球女性普遍关心的问题："什么是最佳美丽驻颜的好秘方。"？

穿古装的最美领队

海外课堂最美领队自信而快乐地回答："我觉得好心情是最佳美丽驻颜的秘方"。我倡导："好心情驻颜术"、"好心情保养经"和"好心情是最棒保养品"。因为科学研究表明：心情与肌肤状态有密切的关系——心情越好，皮肤越佳。我相信：我们会因开心而魅力四射，也会让心情持续青春飞扬。对人关爱有助心情提升，心怀感恩让自己倍感幸福。想想值得感谢的事，"送人玫瑰，手留余香"就能立刻收获快乐。以后，我们全世界魅力达人就会回答万年不老的保养秘方："就是每天开开心心呀！"

"大家好，我是来自澳大利亚的白丽莎"是中国最受欢迎的人气电视节目《非诚勿扰》中的女嘉宾澳洲美丽少女白丽莎，下定决心一定要和中国汉子结成百年好合！"我虽然是一张澳洲的脸，但是我有一颗中国心，我喜爱中国男人！"台下热烈掌声欢呼声，声声入耳。

在世界一家人的家族中，我们常常会因彼此'不同'而相互深深吸引：澳洲人爱中国的黑发金肤的古典之美；中国人也爱澳洲金发碧眼的浪漫之美。美丽无国界！

伴随风之心声，大海飘送来澳洲学生的心愿瓶，海外课堂最美领队轻轻打开心愿瓶：有两个美丽的心愿！

心愿瓶一：

澳洲女生很感兴趣一个话题：What kind of temperament would be the mysterious Chinese classical lady？（神秘中国古典女士会是怎样的气质？）

海外课堂最美领队转身于百花丛中幻化成中国古典仕女影像，以圆澳洲姑娘们的美丽心愿。澳洲女生惊叹到：Wow！I love this feeling and I love to visit the China（哇！我喜爱这感觉，我想去中国参观）。

海外课堂爱心小天使

沐浴爱的海洋

海外课堂爱心小天使解读：这象征着大爱美丽中国、大爱魅力澳洲、大爱海外课堂。让这里充满希望和阳光、你中有我、我中有你。我们如此幸运地沐浴在爱的海洋。

心愿瓶二：

澳洲学生更感兴趣另一个话题，If the Chinese classical lady put in the modern clothes，what would she look like？（如果让中国古典仕女穿上现代的服饰，会是什么样子？）

海外课堂最美领队又由中国古典仕女幻化成现代女士，承载着澳洲学子们的梦幻之旅。

海外课堂快乐团突然发现好似有中国和澳洲两面国旗从天边向我们徐徐飘来，近看原来是一对好萌的中澳龙凤混血双胞胎，他们身着中澳艺术设计的衣裙并手举印有中澳国旗图案的旗帜，欢快而雀跃地向我们奔跑过来；还用中澳两种流利的语言向我们表示热烈的欢迎。

二十七、哪里有爱,哪里就有家

where is love, where is home

　　海外课堂学员欢欢同学回国后很怀念在澳洲的快乐时光。于是,召集家庭会议:就爱和跨文化议题展开讨论后,最终达成家庭会议的和谐共识——领养了一只澳洲血统的狗并独创性地安排一只来自中国农村鸡宝宝与它做个伴。也许由于巨大的文化差异,澳洲狗哥哥和中国鸡宝宝刚开始同住一屋檐时,体验了前所未有的磨合斗争期:从日出到日落,它们体验了不同种族相处的巨大挑战。

　　几日僵持后,欢欢同学急中生智,脑筋急转弯:突然想起海外课堂中老师和学员们分享的'家'的感悟。于是欢欢同学马上学以致用,打开海之音的心灵 SPA 畅想曲,特邀请澳洲狗哥哥和中国鸡宝宝一起聆听:"家是什么? 家是总有一盏灯为你亮着,有一扇门为你等着,有一颗心为你守着,有一个人让你念着。累了想去那儿歇一下,伤了想去那儿躲一下,幸福有人和你共享,悲伤有人为你分担。哪里有爱哪里就有家"为了使澳洲狗哥哥更加深入地了解"家"的含义,欢欢同学还运用在海外课堂中大幅提升的英语口语,特别给澳洲狗哥哥做了精彩口译,同时,也为中国土鸡宝宝提供了锻炼英语听力的绝好机会。在净化心灵的音乐中,澳洲狗哥哥摇摇欢迎的尾巴;中国鸡宝宝扇扇美丽的翅膀表示它们感恩欢欢同学的爱心分享,它们会很努力创造一个充满爱的家。

　　戏剧性的变化是:高大的澳洲狗哥哥也许是血脉沿袭继承了西方绅士风度,竟开始主动处处宽容、谦让中国的鸡宝宝:澳洲狗哥哥把曾经和中国鸡宝宝争抢的温暖舒适的窝主动让给了鸡宝宝,它像忠诚的士兵一样在外站岗保护鸡宝宝;娇小的中国鸡宝宝也似乎逐渐理解了澳洲狗哥哥的包容和关心,也主动把曾一直和澳洲狗哥哥抢夺的一个饭碗全让给了

狗哥哥,让狗哥哥感受到像家一样的温暖和照顾,它们竟然逐渐相亲相爱地和睦共处起来。现在澳洲狗哥哥和中国鸡宝宝在一起就像最好的朋友、最亲的家人。

的确,这是真人真事。跨越种族、文化、习惯、语言、沟通等诸多方面的差异,澳洲狗哥哥和中国鸡宝宝创造了跨文化和谐相处的奇迹。是带来福气的相处之道。它也给我们人类带来了启示:亲善和包容在我们和谐相处中是多么重要。

海外课堂学员欢欢同学觉得澳洲狗哥哥和中国鸡宝宝的相亲相爱让人感动:于是他安排狗哥哥住在家中室内舒服的沙发上,还赠送给狗哥哥一个舒服的枕头;也给中国鸡宝宝提供更多承载多种美味的食器。当幸福来敲门时,澳洲狗哥哥和中国鸡宝宝欢快地来为我们开启了和谐相处的序幕。

海外课堂爱心小天使
让爱与感恩常相伴

海外课堂爱心小天使在夜幕降临时,温情地问:可不可给澳洲狗哥哥戴顶中式小帽子,也给中国土鸡宝宝穿上件牛仔西式小坎肩,一起来个全家福的大合影? 让快乐为我们永恒驻足。同时,海外课堂爱心小天使也感应到澳洲狗哥哥的心声,把它想给中国鸡宝宝说的千言万语幻化成爱心卡片中的一句话"非常感谢照顾我"。我们也把这绿叶常青的礼物放在海外课堂的窗前,让爱与感恩常相伴,生生世世长相随。

二十八、多元文化管理

management of cross cultural diversity

多彩的肤色绘成了一幅画,不同的语言编织成了一个家。这就是澳大利亚,一个多民族共存的国度。被社会学家喻为"民族拼盘"的澳大利亚,是多元文化"渗透"的典型移民国家。在总人口中大约有四分之一的居民出生于海外。已先后有来自世界 120 多个国家、140 多个民族的移民来到澳大利亚定居。在澳洲的海外课堂,更具有全球化教育背景的优势。澳洲的学校是敞开式的、没有围墙,就像澳洲这个国度,多元的人文、包容的态度接纳世界各地的移民。令人印象最深刻的一幕:那是在 2000 年悉尼奥运会开幕式上,由土著女运动员,世锦赛 400 米跑冠军弗里曼来点燃奥运会火炬,大大提升了澳大利亚的国际形象。

"在澳洲,学生们学习是不是像小考拉的风格一样轻松愉快?"在嬉笑的气氛中,我们迎来今日的跨文化多元文化管理的趣味课。由被学生昵称为"漂亮教授"的 June 教授来主讲。

"漂亮教授"首先创编了跨文化的幽默小品:当我们掉到井里了,不同国度的人们,会有什么样的不同心态? 10 位海外课堂同学代表不同国籍人士配合参与表演:

Japanese(日本人):*初次掉到井里了,请多关照! 请多关照! 请多关照! 三次向不同方向礼貌鞠躬。*

French(法国人):*哇! 扑腾掉到井里了,打开了像 google 一样搜索的眼睛,这个可是个酿造法国葡萄酒的好地方,多浪漫的际遇,当阳光洒进时,也许会盛开让人心动的玫瑰花。*

American(美国人):*来,朋友。踩在我的肩膀上,我支持你先爬出大井。面对恶劣的环境,我们必须相互帮助,才可以让荒凉的大井演绎从厄运到幸运的生机。我们是乐观智慧之人!*

German(德国人):*时间就是生命,一起呼救。我们是严肃认真的"爬出大井"突击队。*

Russian(俄罗斯人):"深夜花园里,四处静悄悄"我们俄罗斯人坐在井底,仰望星空,弹唱悠扬的歌声给苍穹,一定可以吸引救世主来拯救我们。

Australian(澳洲人):Oh,my god! 我真希望我是骑着袋鼠掉到井里的,那样我就能再骑着它跳出去。

Singaporean(新加坡人):掉到井里了,怎么办? 让我想起来猫和猪的故事:猫掉到井里了,猪给猫丢了条绳子来救他,可猪把自己也掉进去了:这叫患难见真情。

Finlander(芬兰人):我们是自然之国,在我们已经想尽办法用尽全力尝试爬出深井所有的策略,一切也就顺其自然了。这就是"谋事在人,成事在天"。

Britisher(英国人):在冲出深井的礼仪安排上,我们秉承女士优先的绅士风范,让尊重女士的爱心在全球一家人的"家规"中世代相传。

Canadian(加拿大人):我们希望幻化成轻盈的枫叶,优雅地飞出深井,一起去体验这美丽国度的风情!

多元文化解析

1. 心灵地图正方

❖ 法国人喜欢在商务活动中依照逻辑型的思维方式,也就是说:即便在直觉上认为一项提议是正确的,也需要在负责之前验证过程中的每一步。

❖ 德国人喜欢要求很高的私人空间,只与少数人保持着亲密关系。所以,德国人更喜欢和不太熟悉的人保持一定距离。

❖ 美国人喜欢热情开朗的性格,比如:沃尔玛公司的美国员工享受每天早晨起来欢呼的制度,这样可以调动起一天的积极性。

❖ 瑞士人喜欢循序渐进,逐步上升的方式。在完成一项任务时,维持团队内部的和谐和融洽是首要的目标。他们不会通过牺牲员工之间的关系来达到所期望的目标。瑞士人更崇尚享受生活。他们珍惜假期的时间,乐于和家人一起到处旅游。在他们的眼里,这并不是在浪费时间,而是为了充电,能更好地投入到下阶段的工作中。

❖　墨西哥喜欢"多时制"取向,他们认为没有必要把时间安排的那么紧凑,随时都可以有变化,如果有更重要的事情可以不守时,因为和睦的人际关系比工作本身更重要。比如:开会迟到;开会时接听电话等,在墨西哥人看来是正常的事。

❖　奥地利人喜欢"单时制"取向,他们认为时间是线性的,且可以分割,因为时间是有限的资源,所以必须提前安排合理,在某一时间段只做一件事情,最重要的是时间不可以浪费。

❖　日本人喜欢集体决定方式,这样做会考虑多方意见,更为谨慎一些,执行起来阻力也会相对较小。因此,他们更尊重彼此的选择,善于互相学习。

❖　印尼人深受佛教的影响,相信"沉默是金"的说法,用沉默来避免冲突或使人尴尬,印尼认为"面子"很重要,在公共场合前争论被认为是不给对方"面子"的行为,显然沉默是最好的可以避免这种人际冲突的办法之一。

❖　英国文化中,同事的定义就只喜欢限于工作中的合作关系,个人的关系圈子相对封闭,同事没有权利过问私人问题。英国人尊重时间,喜欢事前计划。

2. 心灵地图反方

❖　德国人是个内向的民族,性格比较沉默冷静,不喜欢被陌生人接近,比如:在德国超市购物时,如果德国销售人员按公司要求向客户微笑时,一些男性顾客甚至把这当作一种挑逗。

❖　日本人是个很有礼貌的民族,不喜欢直接拒绝对方,会很委婉的回答问题。比如:当一个日本人说"是"的时候,他的意思是"我听明白你说话的意思了"——他的意思并不一定是"我同意你的说法"。他不会说"不"。他会说:"这样可能很难"或者"我必须再仔细想想",然后委婉地转移这个话题。

❖　中国人不太适应'以任务为中心'的价值观,更喜欢'以关系为向导'的价值观。比如:一家美国企业在第一次中美合作商务谈判时,带上了律师。于是,中方代表的笑容消失了,中方的感觉是:第一次就要请律师? 好像两个人刚坠入爱河,便忙着计算离婚时该如何分配共同财产了。

❖　英国人不喜欢个人的身体状况被泄露,在英国文化中,体检报告是绝对隐私,除了本人,医生应该对其病情保密。如果病情在未经允许的情况下被泄露,当事人就有权起诉追究有关人员的法律责任。

❖　意大利人不喜欢按工作业绩来获取报酬。因为,意大利是相对集体主义的国家,人们非常注重家庭和社会关系,对集体有情感上的依附。那些拿到奖金的销售员会在同事面前感到内疚,以致在下一个季度里避免拿到奖金。他感到内疚是因为他所在的文化强调集体协作而不是个人业绩,他自己拿到奖金使其他同事显得无能,并拉开了他和同事之间的距离,破坏了团队的团结和同事之间的和谐的关系。

❖　希腊人不喜欢参与上级的决策,希腊人接受人与人之间的不平等,认为人们的行为应当与他们的地位相符,地位高的人发布命令,地位低的人服从命令。

❖　加拿大不喜欢"家长式"的管理,不喜欢对他们的一举一动'监视'。加拿大认为这样是对他们的不信任,更希望从经理那儿得到信任,放权和激励。

❖　菲律宾人不喜欢独立承担责任,对上级依赖性强。菲律宾人偏向集体主义文化,体现在管理上员工希望能得到经理详细的指导和帮助,希望得到上级的关注和关心。他们对集体有归属感和依附感,习惯严格按照上级指示做事。

（资料来源：窦卫霖.跨文化商务交流案例分析[M].北京：对外经济贸易大学出版社,2007.）

3.趣味小习俗

❖　在保加利亚(Bulgaria)点头代表不是(NO);

❖　在西西里(岛)〔意大利〕Sicily 抬下巴代表不是(NO);

❖　在北非,可爱的狗狗却被看作有状况的生灵;

❖　国际用餐礼仪：用餐时注意控制嘴巴要静音;

❖　在美国,人们对他人讲解一件事情时,通常都是以食指(point finger)指示要点的,中指(middle finger)的使用则十分忌讳。

❖　瑞士一个国度有四种不同的语言,四种不同的文化,理解和尊重是国际沟通和谐的主旋律。

4."漂亮"教授展示 Culture Shock(文化冲击图)

Excitement(兴奋)——Arrival(到来)——The Newness(新鲜感)——The Differences(差异)——adjustment(调整)——settled(安定)

Culture Shock

Arrival

The Newness

Settled

Excitement

Adjustment

The Differences

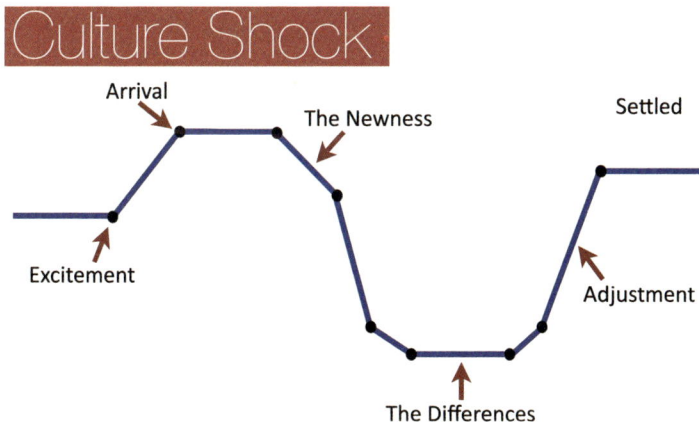

（资料来源：由美国驻沪总领馆副领事 Mr. Peter Winter 提供）

5. The European mosaic 欧洲镶嵌爱之图案

爱的不同发音

Love（爱）

Czech：捷克：láska［laːsga］

Danish：丹麦：kærlighed［ˈkæɐ̯liˌheð̩］

Dutch：荷兰：liefde［liːft］

Estonian：爱沙尼亚：armastus［ˈaːmaːstəs］

Finnish：芬兰：rakkaus［raːkrəuˈsə］

French：法国：amour［amur］

German：德国：Liebe［liːbë］

Hungarian：匈牙利：szerelem［ˈsɜrʒlɛəm］

Italian：意大利：amore［amo］

Polish：波兰：zamiłowanie［zæmilövæni］

Romanian：罗马尼亚：dragoste［drˈgaːst］

Slovenian：斯洛文尼亚：ljubezen［ljubezɛn］

Spanish：西班牙：amor［ˈeimɔː］

Swedish：瑞典：kärlek［kaːlək］

（资料来源：由匈牙利驻沪总领馆教育和文化领事 Agota Revesz DLA 博士提供）

海外课堂爱心小天使

人生处处是灵感

海外课堂爱心小天使分享心得："人生处处是灵感，处处是体验，处处是感悟"。海外课堂是对传统教学模式的有利补充,通过把课堂拓展到海外,让同学们既能享受到海外院校的教学资源,又能在全英文教学环境下感受到异国文化的魅力,这也是全新教育理念的体现,有利于培养当代学子的国际化之视野。海外之行是一次学习之旅、文化之旅、心灵之旅、全新之旅。大家提议了一套漂亮可行的活动方案:用画笔记录这优美魅力的时刻,实现跨国界、跨语言、跨文化、跨肤色的国际学习交流。用世界不同的色彩编织一个和谐幸福的全球之家。

二十九、像松鼠一样"萌"的时装款式

the new innovative fashion style just lovely like a squirrel

　　浩浩是海外课堂领队 Rick 先生的外甥女,家在香港,高考后应父母的期望,上了香港树仁大学,学习法律。但是她不喜欢这个专业,考试总是挂科,非常苦恼。经再三考虑,于是在澳洲申请了一所高职院校。刚来一个星期,老师就启发她的设计灵感、创新天赋,购买原料制作时尚服装。她非常开心也很自豪地拿出自己的创新作品向周围人展示。虽然父母有些勉强,但浩浩真切地感到有生以来她是如此痴迷于服装设计,这份喜爱让她感觉到:即便她在学习工作时,也像在度假一样轻松愉快,更像和自己心爱的人在一起一样幸福。她坚定地表明态度:对自己的选择无怨无悔,对未来充满了信心。海外课堂最帅领队 Rick 也帮着劝浩浩爸妈说:"让浩浩做她自己喜爱的事吧,也是人生最明智的选择。热爱＋学业＋事业(三位之一体)＝一生幸福。"看看,浩浩快乐的小脑袋已经同意得像拨浪鼓一样上下翻滚了。"谢谢老舅如此理解我的心!"

　　浩浩放弃大学,放弃热门的法律专业,选择就读职业学院,这种学业规划在国内是很难让人理解的。但在澳洲,人们认为尊重自己的兴趣和爱好就是智慧的选择。

　　浩浩最爱澳洲随处可见林间跳跃的松鼠,它们如同守护森林的精灵,不时探出个小脑袋,亮晶晶的眼睛滴溜溜地凝视我们,还不时地眨巴眨巴,仿佛想要和我们交个知心好朋友。那模样可爱得让人们的心都要融化了。

　　松鼠朋友仿佛在说:"我想和你快快乐乐在一起玩。无论风风雨雨,都会陪伴你在左右,心与爱相随。"这也启发了浩浩的设计天分:像松鼠一样"萌"的时装款式应

海外课堂爱心小天使

适合自己的幸福人生

　　海外课堂爱心小天使:国际教育合作专家推荐澳洲国立性质的 TAFE 学院(Technical And Further Education),是澳大利亚最大职业培训机构,提供1500 多种实用课程,现有 220 万学生,与中国高校在合作办学、教师培训、学生交流和实训方面有很多成功的合作。跟着自己的兴趣爱好选择专业和职业方向,一定是最适合自己的幸福人生。

运而生!

拥有一技之长的人在澳洲可以生活得很好。正因如此,很多人会选择读高职。澳大利亚的职业教育非常发达,对学生职业生涯的教育与规划也做得很好。

与澳洲淳朴的当地人沟通,我们了解到:由于劳动力缺乏,"体力活"的职业需求量很高,而且这些工作的收入都挺高的。比如:像建筑工人,他们的工资比一般的白领要高;公交车司机的工资是一般白领的 2 倍;而有些厨师的工资是一般工人的 4～5 倍,他们同样非常受人尊重。这就是中西方人对职业的不同的理解。

三十、令人流连忘返的海外课堂
keeping the wonderful memories in mind for global school

一个班级的师生就像一个大家庭,教师就是一位大家长。每一节课就像一顿营养午餐。做得好,孩子就愿意吃,身体就会好。教师和学生"二头热"才会诞生出高效课堂。

心理学家认为:愉快的环境可以使人感到自由,安全和依赖,在这样的快乐氛围下学习,更有利于快乐教、开心学。因此,海外课堂的教学也要运用语言、课件、音乐等创设一个宽松的环境,营造学习氛围,激发学生的学习热情,从而使学生以一种自由、放松的心态投入学习中。

海外课堂气氛自由、融洽。课堂上,学生可以随时在教师授课的时候,提出自己的问题,老师不但不会觉得思维短路,而且会很耐心给学生们讲解并鼓励其他学生也这样练习,希望"静音"的同学随时大声提出自己的见解,培养学生参与学习的主动性。

粉红湖

(资料来源:美呆了[EB/OL].悉尼印象,2016-02-06.)

海外课堂的教师多才多艺,一专多能。教英语课的老师现场用吉他给学生伴奏,教学生们唱英文歌,让学生们在悠扬的音乐声中感受学习英语的魅力。交流中得知,这位英文教师拿到了大学音乐专业的证书,也获得了教育管理学的研究生文凭。教商业的老师同时上着物理、音乐课,在一节音乐课上,他指导学生乐队排练:架子鼓、电吉他、钢琴样样精通;国际部的老师教授英语和科学,还会烧烤,毕业典礼前的聚会,60多个学生一起吃饭,全是她一个人做的。同学们称他"超级美食教授"。

在海外课堂,重复、机械训练的作业布置得很少,很多科目甚至没有作业,教师通常给学生布置一些探究性的课题,以研究性论文的形式完成,这样的作业在我们看来,很有新意。在一节科学课上,高二与高三的同学同在实验室一起上课。高二的学生在利用网络查找资料,高三的学生在做实验。实验的课题是"日常饮品的化学成分调查"。有的学生选取了自己最爱的可口可乐,有的学生选取了健康美容的红酒,还有的学生选取了口感温柔的牛奶等。实验的周期是一个学期,老师"悠闲"地观察学生的实验过程,学生有质疑,老师会过去及时指导,大部分时间学生都是在自己操作与探索。实验的结果要求以论文的形式展示成果。教师给我们展示了上一届学生的论文成果:20多页、结构严谨、内容充实。海外课堂最美领队说这研究水平像我们国内研究生的论文。像这样的作业,海外课堂的学生们从小就接触,要求他们必须自己动手,通过查找资料,实验探究才能完成,最后以论文的方式呈现。其流程和结果与科研人员从事研究颇为类似,这些海外课堂的学生们经过长期的训练:做研究、论创新就会如鱼得水,这也许就是澳洲科技成果丰硕的一个重要原因吧!

在海外课堂训练及时、方法灵活。英语老师教了几句会话后,马上会让学生当堂即时英文对话,还插上英文戏剧表演的实训;学了几个英文单词后,马上学习英文歌曲来学以致用;学了动物的分类后,第二天即安排学生到农场参观。在一节数学课上,老师讲完基本概念后,就会马上带领同学们做数学游戏,看数学屏幕的同学说出正确答案后,就会获得努力奖和笑脸小配饰。烹饪课上,老师指导性描述后,同学们马上配料、和面、塑形、做得很专心致志,同时还写上小组的名字,放进烤箱,等候自己做的点心。下午茶的时候,同学们吃上了自己做的糕点,很多同学都是第一次制作食物,他们吃得特别香。学生要求老师帮助吃掉自己烹饪的最后一块蛋糕,亲手做的点心真的舍不得扔掉。让同学们自己制作面包,学会必须生存的技能,是澳洲孩子一定会通过的重要课程。

海外课堂让学生积极参与、锻炼学生的合作和应用能力。手工课上,老师给同学们讲解澳洲土著居民打猎用的回旋镖的制作方法,要求学生们在飞镖上画上自己喜欢的图案。有些同学把回旋镖扔到了树上,恳请老师帮他们弄下来,对自己亲手制作的工具他们倍加珍惜。生物课上,学生按照老师的要求,到小河里寻找生物。之后,老师对学生捕捞的各种生物进行分类,给学生讲解这些生物的习性和对水质的要求。孩子们认识了各种生物,学会了辨别水质,懂得了环境保护。河边实验后,同学们感叹,原来澳洲的水质这么好! 平时一直保持"静音"状态的同学竟也抢着表达自己的观点。

天呀! 快来看呀,太令人着迷了:我们沉醉于澳洲粉红色的湖水之中,让人惊艳,让人窒息。可神秘的是:粉红湖的成因是什么? 至今无人能解。也许在我们海外课堂的同学们中就会诞生科学家解开这个谜团。粉红色是幸福色,我们爱上了这片粉红色湖泊,也很感兴趣揭开这片谜纱。因此,热爱和兴趣是最好的导师,助我们梦想成真。我们从飞机上俯瞰湖水有如粉红泡泡糖。周围环绕着一圈沙滩以及茂密的桉树林。粉红湖与蔚蓝的南大洋之间则有座狭长的沙丘带,沙丘上植被茂密繁盛。红蓝绿三色的自然交融也堪称世界的奇景。

粉红湖

(资料来源:不可错过的澳大利亚 7 大自然景观[EB/OL].澳洲佳,2016-01-21.)

课间和午间休息时,教室前的空地上,同学们跑来跑去,追逐欢笑;过道上,同学们推着自己制作的汽车模型来回玩耍;旁边,一群女同学在排练舞蹈,几个男生玩地弹球,几个同学在玩纸牌;球场上,孩子们在玩橄榄球,有的在打篮球;操场上,一群学生在踢足球,有的学生躺在草地上晒太阳,有的钻到桥洞下面捉迷藏……没有强迫、没有统一、没有指导、没有要求,值班老师只是在周围走走看看,偶尔提醒几句,唯一的目的就是安全。孩子们呼吸着新鲜的空气,享受着温暖的阳光,自由自在地玩耍,他们玩得非常高兴。给孩子们自由发展的空间,他(她)们会变得更加强壮、更加主动、更加聪明! 开心地上课,快乐地回家。

海外课堂爱心小天使

走进大自然的课堂

海外课堂爱心小天使观察到:从孩子们留恋的眼神中,我们都看到同学们的确喜欢动手实践和自由活动的空间。四处的风景各逞风姿:雄伟的群山、蔚蓝的海洋、繁茂的森林、美丽的花园、树影婆娑、草坪似锦、绿草如茵、绿荫如盖,走进大自然的课堂就是幸福的课堂!

三十一、一份特殊的作业

a special homework

海外课堂导师给孩子们布置了这样的作业:"随着中国的富强,中澳交流越来越广,中国对澳洲的影响也越来越大,你在澳大利亚能否找到一些中国元素? 将来中国会对澳大利亚乃至整个世界产生哪些更深更远的影响? 你能为此做些什么?"

于是,同学们开始在澳洲的土地上,到处寻找中国元素了。他们在家庭作业中写道:"在澳洲路上看到一辆长城汽车一路奔驰而过,我们心里感到非常的骄傲! 在最繁华区看到大大的汉字"枫林大酒店",让人感到格外亲切;在澳洲电信店我们办了电话卡,同时看到 Oppo 和华为的手机也在澳洲的橱窗里像亲密的"老乡"一样暖心地望着我们,我们也情不自禁和它打个招呼,隔着橱窗来了个深情的"飞吻";在澳洲的工具商店,大部分商品都是 Made in China(中国制造);来到澳洲超市,我们惊喜地发现,我们购买的 T 恤、拖鞋、木梳等也都是中国制造。

"很多商品都是中国制造的,我们曾到商场里买东西,十件有六七件是中国的,有一个商铺里的所有商品都是中国制造。"

"在悉尼看见了中国银行,中国人在悉尼建造了唐人街,澳洲寄宿家庭用的也是中国筷子。"

"悉尼的艺术博物馆中陈列着中国古代的青铜器和瓷器。"

"中国人开的餐馆在布里斯班和悉尼随处可见。"

"澳大利亚的大街上看到中国的长城和奇瑞汽车。"

我们在很多澳洲旅游景点包括"澳洲梦幻世界"都看到有中文版的说明书,我们从澳洲看中国,也从中国看世界。

在澳洲白山州立学校老师的办公室里,我们发现了中国的象棋。

在澳洲梦幻世界,许多同学画脸,后来,我们了解到,此种艺术来源于中国古代的丹青和京剧的脸谱艺术。令人吃惊的是,梦幻世界的商品大部分都是中国制造,小到吸管、杯子、毛绒玩具、大到衣服背包,这都很好,但我们更希望看到的是从中国制造到中国创造,我们要创新，让中国产品誉满全球！"

中澳的快乐小学伴们协同研究发现：中国的熊猫和澳洲的考拉有着很多相似之处：同样的萌、同样的逗、同样的乖、同样的人见人爱、同样的融化爱心。

海外课堂爱心小天使

中国产品誉满全球

海外课堂爱心小天使感言：一字一句书写在脑海中，一人一物印刻在记忆里，留给了我们美妙的故事：就是眼前的这座魅力城市，一段关于澳大利亚的追忆。我们希望学生们寓学习于乐趣、寓觉悟于自然、寓成长于本色。在海外，感受到许多中国元素，爱国之情油然而生。让我们的同学去寻找、去发现，海外课堂的学子们会收获更多！同学们为中国的影响力感到自豪！我们期待着同学们的新发现与新设想！我们全力支持同学们创新梦想：从中国制造到中国创造，让中国的产品誉满全球！

三十二、我们心中最爱的美丽澳洲

the beautiful Australia is the dearest in our hearts

"今天有一件非常开心的事,从我住进澳洲寄宿家庭起,所有人以为我的名字叫 Shandong(山东),其实我来自中国山东省,但他们却不知道。一直以来,也没有合适的机会解释。今天终于向澳洲的爸爸妈妈用英文向他们解释清楚了,这是置身于英语环境,提高了语言沟通能力的结果,让我跟寄宿家庭的关系又近了一步,真的棒棒哒! 最让我感动是:海外课堂的英文老师为了让我们记牢"crawl"(爬行)的英文单词,竟然学习狗狗在教室里爬行,我永远会记住 crawl 单词,而且也让我理解了跨文化的差异,中西方老师的不同教学风格,更让我感触到教育是爱,是奉献的真谛。在海外课堂学习中我们可以收获知识、快乐成长。最多的是感动,最大的是改变。"陈同学心情分享。

郑同学分享体验:"一杯面粉,一勺糖,一点盐,四块黄油。今天,在烹饪课上,我终于第一次做出了面包。美食出炉了,我上前摸了摸,又松又软,吃起来也很美味。我为自己感到骄傲! 老师还告诉我们'画龙点睛'的烹饪策略:将一种五颜六色的米粒状糖果洒在面包片上,原来这种"仙女面包"主要是为了吸引孩子增进食欲的创意。说到这,我突然想起 Homestay 有趣事:在我们澳洲的 Homestay 家中,有一位 3 岁的小妹妹,很可爱,像小洋娃娃一样,我们一放学回来就喜欢逗她,在吃晚饭前,我们问她:"喜爱爸妈吗? 喜爱哥哥姐姐吗?"小妹妹没劲地摇摇头;但是,当我们用完美味晚餐后,再问三岁小妹妹相同的问题,她精力充沛而且欢快地说:"爱! 爱! 爱!"因此,我们突然意识到美食和爱的关系如此有心灵震撼力! 如果可以把这面包快递回国给爸妈享受这烹饪艺术,爸妈一定会惊喜而感动。我马上写快递给国内的爸妈,心情太激动,一不留神:From(来自)/To(抵达)写反了,邮了两天又回到澳洲家,惹得同班的海外学子们笑得前仰后合,海外课堂最美领队说了:"吃一堑,长一智"、"聪明人不犯相同的错误"。我此生都会把 From(来自)/To(抵达)顺着写,海外课堂也是锻炼正确书写国际邮寄的有效实践课堂。"

赵同学分享周末悠闲时刻:"周末,我们和大自然幸福约会:自山顶向下瞭望,茫茫的澳洲城如世外桃源。云层上端、山腰一半坐落的建筑群就如同海市蜃楼一样,壮阔的景观让我们久久震撼,美得无可比拟。下了山,我们在澳大利亚布里斯班的街道上散步:这里干净的街道、高绿化度的植被群、湛蓝的天空、清新的空气是永远的主色调。街头人来人往,各种肤色的人有说有笑。海外课堂学子们在这里随处体验,把到过的每个地方都当成课堂:收获知识,开阔眼界。给我印象最深的是一辆消防车鸣笛而过,所有的车都齐刷刷主动让路了。记得湖南卫视做过一档节目,奖励那些为特种车让路的人,在这里,岂不都获奖了吗?山、海、人的和谐之美呀!"

澳大利亚的高中学校,有一位教科学的朱老师,她的丈夫是位警察,经常不在家。他们有3个儿子:老大9岁、老二7岁、老三4岁,每天朱老师先把孩子送到学校,再到自己的学校上班,下班后,再到孩子的学校接上他们,回家做饭,照顾孩子。

在我们的想象中,她一定会很忙:上班、照顾三个孩子,会让她忙得焦头烂额、掉毛开瓢。但她并没有像我们想象得那样忙得不可开交,相反,工作、照顾孩子、享受生活,她做得有条不紊,还常常有空去海边游泳,黄金海岸的沙滩,细白的沙滩踩上去非常舒服,温暖而松软,到了海浪冲刷的地方,硬而凉爽的沙子又是另一种清爽感受。海浪大概有一两米高,还可见到冲浪飞人在波浪中上下翻飞的美姿……最棒的是:她还经常去欣赏她一家人最爱的海中心形堡礁。

此外,朱老师还申请做寄宿家庭,我们的领队老师就住在她们家里。她是如何做的呢?

每个孩子一个房间,自己的事情自己做。整理房间、整理书包、穿衣服等必须自己完成;合理分担家务:星期六老大负责做饭,星期天老二帮忙做饭、洗衣服。规定了严格的作息时间,早睡早起。违犯家规,到自己的小房间单独反省;做了开心事,颁发家庭快乐奖。澳洲的家长一般会让十岁的孩子每周有一到两次机会给家人做顿美餐,这也是传递爱,回报爱的家庭教育方法。

海外课堂爱心小天使

读万卷书,更要行万里路

海外课堂爱心小天使:"读万卷书,更要行万里路。"我们心飞扬,明媚的阳光、新鲜的空气、蓝天和白云、绿油油的草地,这些是每一位澳洲人的福利,也是家教有方的朱老师一家人的休闲福利。朱老师说:"我们可以享受舒适的日光浴,也可以窥探神秘海洋世界,或者与海洋生灵亲密接触,与成片美丽的大堡礁亲密为伴,岛屿附近,碧波拍岸间,清澈水底里,就有着世界上最大最色彩斑斓的心形珊瑚礁。每次我们带着homestay的学生们去欣赏那一颗镶嵌在海中的奇妙的爱心岛,就感受到了这是澳洲天地自然形成的爱心,代表教育是爱,爱是幸福的大自然灵动之气。如此"天时、地利、人和"就映衬出美丽的澳大利亚,是 homestay 学生们心中的最爱。"的确,澳大利亚大堡礁的奇特自然景观——爱心岛是自然爱心的奇迹。阳光透过海面,变幻出千丝万缕的艳丽色彩,美得让人叹为观止！世界上的每个人、每一处风景都会因为爱而变得无与伦比的美丽。海外课堂的教育也和爱心岛一样拥有异曲同工之幻妙！

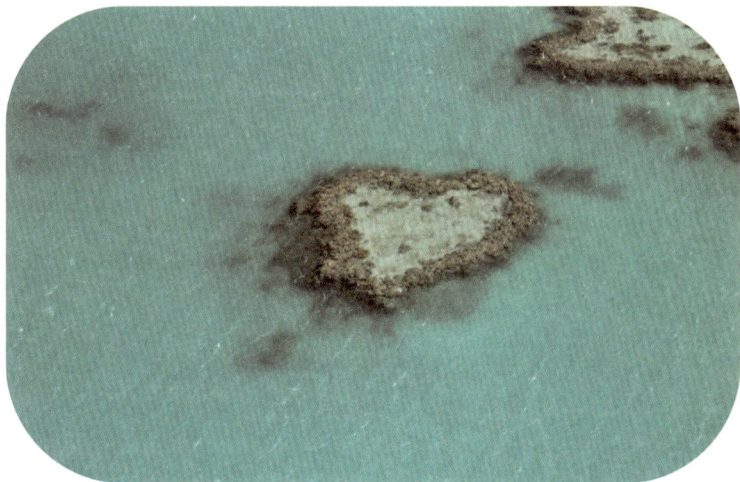

心形堡礁

(资料来源:澳洲人心目中的 NO. 1 大堡礁[EB/OL].澳洲通,2016-01-08.)

即将要离开澳大利亚了,我们是如此的不舍。我们抱着考拉、搂着袋鼠、打开电脑、倾听音乐、葡萄美酒夜光杯、借助优美的文字来诉说内心的不舍:舍不得这里的美景,舍不得这里的文明与进步,舍不得结交的好朋友,舍不得这里的感动和收获,舍不得这里的一切。

我们在去往国际机场的路途中,透过车窗,每位海外课堂的学子情不自禁梳理情愫与眷恋:

"蓝天碧海、白鸥飞舞、长柳垂影、夕阳金辉。

一个唯美梦幻的城市,我心中的最爱——完美情人。

我们学子在梦幻之都,开怀畅聊,其乐融融。

远处百年树林丛生,近处海鸥低空掠过,真可谓海天相接。

梦一样的城市带给我们情人般的温柔与浪漫。

用心灵记录快乐的每一个瞬间,太多的感悟,太多的收获。

晚霞化为大自然的画笔,描绘出一幅夕阳西下几时有的鸿幅巨作。

爱意绵绵如山水相依,恋恋不舍如晚霞嫣红。

"那河畔的金柳,是夕阳中的新娘,波光里的艳影,在我的心头荡漾。"带着徐志摩的诗人情怀。

"轻轻地走,正如我轻轻地来,挥一挥手,不带走一片云。"海上的漂流瓶也载着我们的依依眷恋。

海外课堂的学子在此:感悟此生无憾:当我们对世界微笑时,自己也收获了微笑!

我们到了国际机场,行李放在地上,警犬先生还是逐一在嗅着,非常尽职尽责。我们有点担心会漏报什么,有位同学突然对着的警犬先生说:"尊敬的警犬警长先生,您好,向您敬礼!我刚才已经吃进去了苹果和梨,正在我胃里舒舒服服睡觉呢,这总符合检查规定,不是漏报吧?"聪明的警犬先生似乎听懂了,马上摇起了欢迎的尾巴,起站立姿势,伸出了友好的"手",似乎在说:"感谢亲爱的同学们来体验海外课堂!我代表可爱的澳大利亚欢迎你们将来能再次回到美丽的澳大利亚,澳大利亚热情的大门永远向你们敞开!"

第五篇 | 海外课堂的创新

三十三、盛产诺贝尔奖得主的神秘国度

origin of the Nobel Prize—a mystery country

诺贝尔奖得主的科学家丁肇中先生分享成功经验时说："我不是天才,但是兴趣把我牵引到国际科学的'峰巅'。当我学习遇到困难时,我的父母从不强求我在学校中拿到好分数,反而常常带我去看京剧、看电影。我有两个女儿和一个儿子,我也没有要求他们考试成绩要怎么样,只是让他们根据自己的爱好来发展,我不会太多地要求他们什么,只要他们快乐就好。"有一个经典的案例,有位不会游泳的教练竟然培养出了世界游泳冠军,可见有天赋的学生无须刻意管教,应让学生们充分享受自由,将学生们的自主能动性发挥到极致,启发学生们自己去创造超越世界的办法。这也许就是我们最佩服的、最顶尖的教育境界。

中国科学家群体中第一位获诺贝尔奖的女性科学家屠呦呦有这样一段获奖感言："不要去追一匹马,用追马的时间种草,待到春暖花开时,就会有一群骏马任你挑选;不要去刻意巴结一个人,用暂时没有朋友的时间,去提升自己的能力,待到时机成熟时,就会有一众朋友与你前行。用人情做出来的朋友只是暂时的,用人格吸引来的朋友才是长久的。所以,丰富自己比取悦他人更有力量:种下梧桐树,引得凤凰来。你若盛开,蝴蝶自来! 你若精彩,天自安排!

我喜欢宁静,蒿叶一样的宁静。
我追求淡泊,蒿花一样的淡泊。
我向往正直,蒿茎一样的正直。

所以,我请求您能满足一个医者小小的心愿。终有一天,我将告别青蒿,告别亲人,如果那一天真的来到,我希望后人把自己的骨灰撒在一片青蒿之间,让我以另外一种方式,守望终生热爱的土地,守望青蒿的浓绿,守望蓬勃发展的中国中医事业。"

诺贝尔奖是以瑞典著名化学家、硝化甘油炸药发明人阿尔弗雷德·贝恩哈德·诺贝尔的部分遗产作为基金创立的。在遗嘱中他提出,将部分遗产(920万美元)作为基金,以其利息分设物理、化学、生理或医学、文学及和平(后添加了经济奖)五种奖项,授予世界各国在这些领域对人类做出重大贡献的学者。

飞往澳大利亚的国际航班的机舱已经为我们预留,让我们去一起看看"盛产"诺贝尔奖得主的澳大利亚吧。成千上万甚至上亿的人能幸存下来全要归功于弗洛勒爵士的贡献:1945年诺贝尔生理学(医学奖)得主霍华德·弗洛勒爵士挽救了数百万细菌感染患者,他由于开发出盘尼西林而被授予1945年的诺贝尔医学奖;首次获得诺贝尔奖的澳大利亚人是威廉·布拉格和他的儿子劳伦斯·布拉格,父子两人因利用射线研究晶体结构的贡献于1915年双双获得诺贝尔物理奖;弗兰克·伯内特爵士的主要兴趣在于研究流感病毒在小鸡体内的作用,他的发现促使人们理解了免疫系统的工作原理;有"通过超新星发现宇宙加速膨胀"的布赖恩·保罗·施密特先生,是天文学家,荣获2011年诺贝尔物理学奖;有发现神经传导奥秘的艾克尔斯爵士;生物医药的奠基人伯内特爵士;发现胃溃疡原因的马歇尔教授等十多位杰出的获得诺贝尔奖的科学家们。

对于荣获诺贝尔奖,彼得·杜赫提曾疑惑"为什么是我?"他曾自嘲来自澳大利亚人烟稀少的腹地的他是不会获得诺贝尔奖的。在同行们看来,杜赫提有点像"屹耳"——《小熊维尼》里面那只可爱的小驴子。

为了试图给同样热爱科学、渴望获得某种奖项的青年们"解惑",杜赫提创作了《通往诺贝尔奖之路》一书。在他看来,获得诺贝尔奖级科学的窍门在于是否能够把研究资源进行引导以促进发现与创新,这就意味着要建设一流的科研院所和大学,然后去聘用和支持真正有才华、能够做出一流科研成果的年轻研究人员。

与此同时,杜赫提也是出身决定论的坚决否定者。诺贝尔奖得主们并不一定非要出身名门望族,他认为关键在于:"人必须要有一种强烈的抱负。"杜赫提觉得那些出身不够幸运的孩子实际上反倒可能是幸运的,"他们的父母不会像那些受过高等教育的父母那样对子女和子女的作为提出苛刻的要求。从某种意义上讲,个人更自由"。

1973年帕特里克·怀特荣获诺贝尔文学奖得主,怀特以其刻画人物心理的叙述艺术获得诺贝尔文学奖。怀特的著名作品包括《男人之树》《暴风眼》。也因此在现代文学世界中为澳大利亚赢得了一席之地。怀特或许是被中国研究最为广泛而深入的澳大利亚作家,他的许多作品已被译成中文。

海外课堂爱心小天使

智慧之光

　　海外课堂爱心小天使感谢读者支持:澳大利亚是诺贝尔奖获得者的"高产"地,澳大利亚人口仅 2 000 万人左右,却诞生了 15 名诺贝尔奖获得者。我们可以共同看一看他们的科技成果:青霉素、黑匣子、超声波扫描仪等等。澳大利亚还是目前世界上申请专利、发明创造最多的国家之一。他们何以培养出如此多出色的科学家与创新家? 针对《澳大利亚百年科学探索与创新》读者朋友们不妨亲自找到其中智慧之光。澳大利亚教育研究基金会欢迎亲爱的读者朋友互动:特设"中国、澳洲和全世界诺贝尔奖获得者的感人有趣故事征集奖"鼓励读者积极互动参与。欢迎把心灵共鸣、突发灵感发到邮箱:global_school@yeah.net。

三十四、假如没有澳洲

if Australia does not appear

澳大利亚人的发明创造促进了世界的进步。

1. 如果没有澳大利亚,我们可能还在祈求"龙王"降雨。

1947 年澳大利亚联邦科学与工业研究组织的科学家们成功地进行了第一次"播云"试验,在新南威尔士巴瑟斯特附近地区实现人工降雨。

2. 如果没有澳大利亚,我们可能无法保存食物,可能不知冰箱为何物。

1856 年,澳大利亚人詹姆士·哈瑞森(James Harrison)利用蒸汽压缩系统制造出世界上首台实用性的制冰机器。不过他当时首先发明的冰箱并不像今天看起来的样子,体积更大。

3. 如果没有澳大利亚,我们可能还未步入网络时代。

在 20 世纪 90 年代,澳大利亚的无线电天文学家约翰·奥沙利文(John O'Sullivan)在研究黑洞时无意发现了潜在的无线网络技术 WIFI。

4. 如果没有澳大利亚,在陌生环境里,我们可能寸步难行。

2003 年左右,澳洲人 Lars and Jens Rasmussen 兄弟开发了 Google Maps 谷歌地图平台。这项开发被评价为是仅次于床的最伟大的发明。在野外人们能用 Google Maps 轻松找到回家的路,找到"心"的归宿。

5. 如果没有澳大利亚,我们可能无法抵御细菌。

1939 年,阿德莱德科学家霍华德·弗洛里(Howard Florey)研制成盘尼西林(penicillin),即青霉素,这是世界上首个抗菌制剂。二战以来,它被大规模生产并广泛用于医治患者。今天,盘尼西林已经挽救了数以百万计的病人,特别是在防止感染方面疗效卓著。霍华德后来获得诺贝尔医学奖。澳洲 50 元的钞票上面就印制了他的头像,以纪念他对全人类的杰出贡献。

6. 如果没有澳大利亚,医生可能无法"起死回生"。

我们经常在电视电影中见到这样的场景:一位重患者由于心跳特别微弱或暂时失去了心跳,医务人员会用一种器械来强制使他的心跳复苏,这种器械就是人工起搏器。它通过规定的程序发放电脉冲,通过导线和电极来刺激心脏,并使之搏动。它的发明者就是澳大利亚医生 Mark Lidwell 和物理学家 Edgar Booth。

7. 如果没有澳大利亚,我们可能戴着厚如啤酒瓶的眼镜片。

澳洲科学光学实验室 1960 年研制出了世界上最早的塑料镜片,比玻璃镜片轻 60%。

8. 如果没有澳大利亚,我们可能每天需要工作更长的时间。

1856 年,墨尔本的石匠们为"八小时日"而斗争,即每天工作八小时,休息八小时,消遣娱乐八小时。澳大利亚人詹姆士·盖洛维(James Galloway)最终把这一理念引入成功。

(资料来源:假如澳大利亚不曾出现过,世界将会变成什么样[EB/OL].壹本澳洲,2016-01-12.)

海外课堂爱心小天使

世界因你美好

海外课堂爱心小天使:我们感恩澳大利亚的出现,因此全世界变得如此奇妙美好。

三十五、中澳教育的不同

difference between Australian and Chinese education systems

海外课堂爱心小天使与您互动：

可以告诉我们红色和蓝色分别代表哪个国度吗？

可以把英文部分翻译成中文吗？

还有什么可以补充、优化、创新的内容吗？

这些图片和对比来自爱恩学院大四快乐毕业论文组学生们的集体智慧，答案及反馈可发送至邮箱：global_school@yeah.net。澳大利亚教育研究基金会在参与者中抽取"中澳国际教育参与互动奖"！

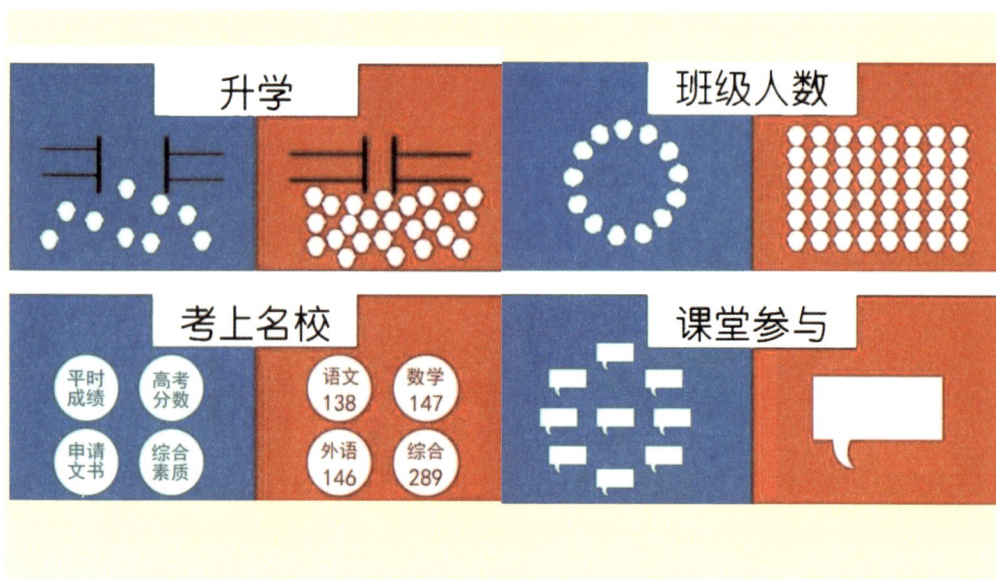

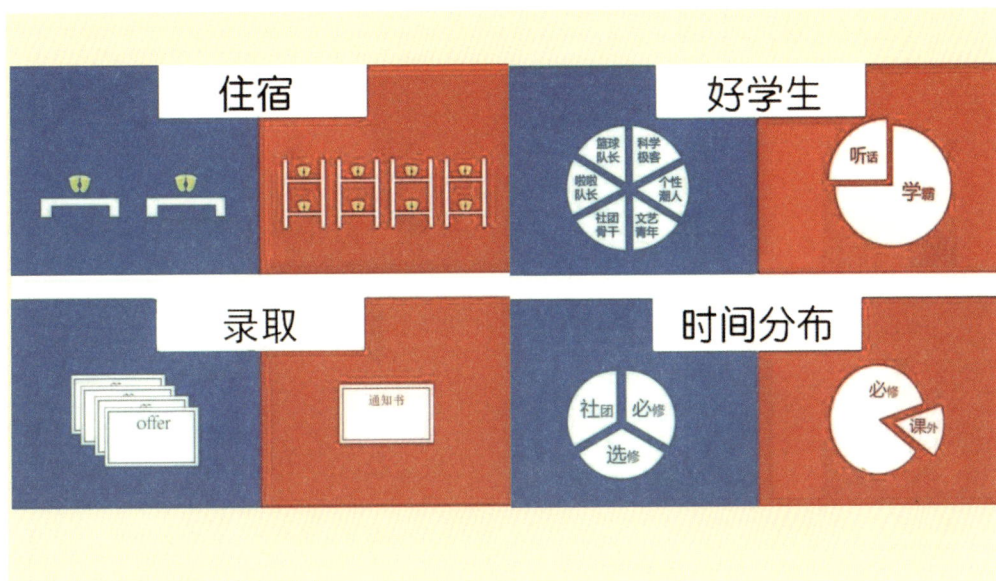

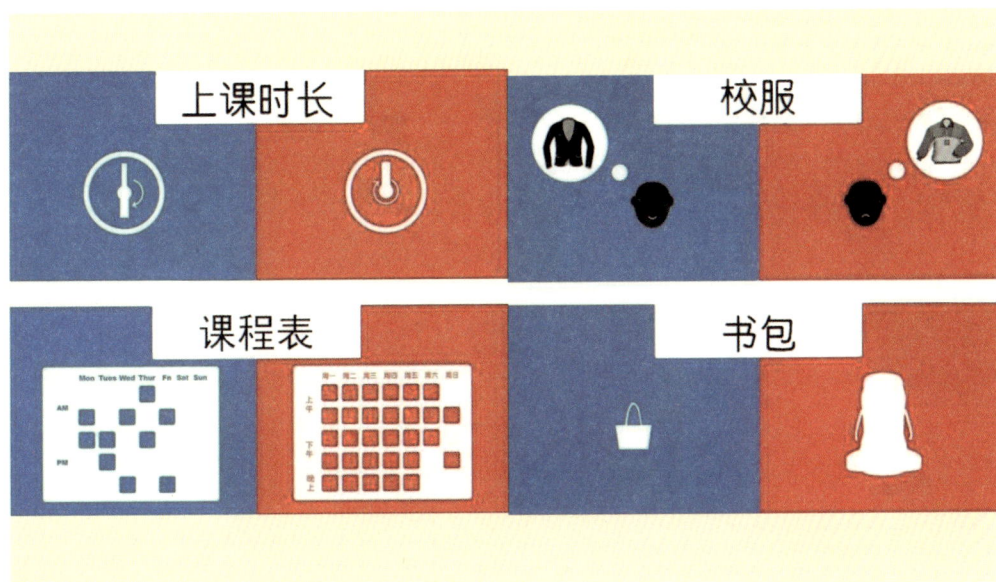

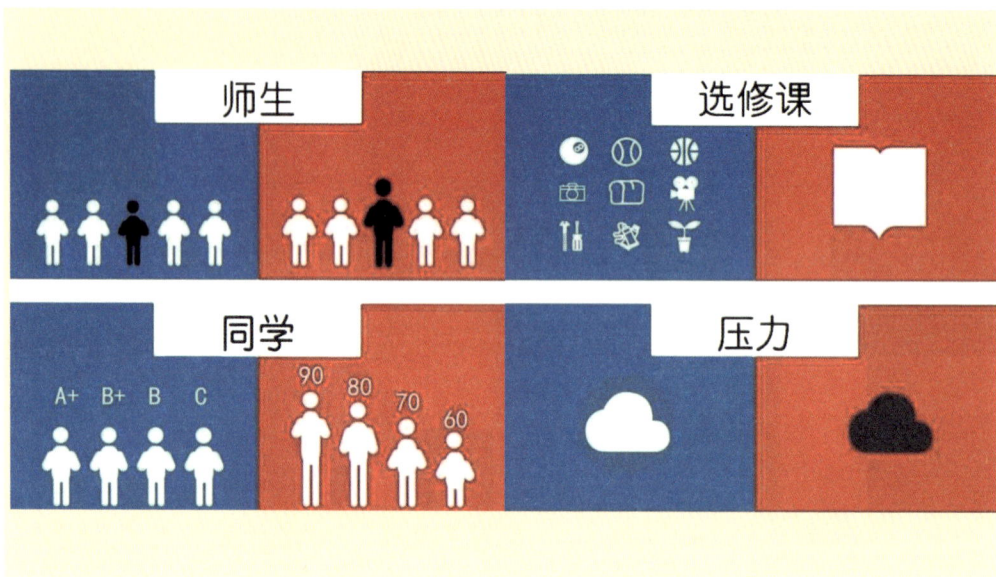

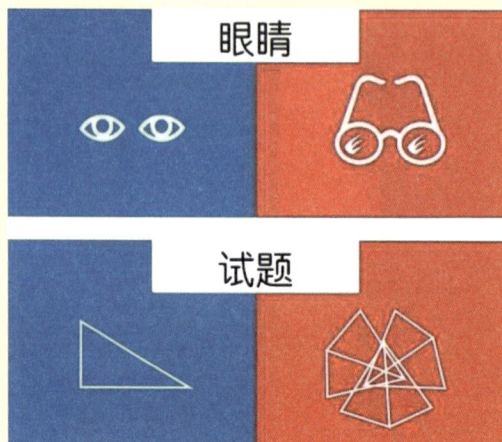

Micro-control of education sector			
	China	Australia	Example
Educational goal	● Acquire knowledge ● Pass the tests ● Get the diploma ● Enhance students' competitiveness	● Ability building ● Capacity cultivating (e.g. Research skills; thinking skills; communication and social skills) ● Provide education according to the social division of labor	In China, what matter is how much knowledge students can learn at school. While in Australia, successful students who have the abilities to study and think independently.
Government control	Formulate regulations about student recruitment and school entrance requirements.	The government arranges professional agents to design the overall curricula.	
Assessment model	Testing scores are the main evaluation standard of education accomplishment.	● 50% of the score comes from average grade ● Multiple college entrance exams	Chinese college entrance test: Gaokao Australian college entrance tests: ● IB ● HSC
School resources	More well-equipped education institutions but facilities are not made full use of it.	Education institutions are well-equipped and both students and teachers know how to make full use of the facilities.	In Australia, high school students can rent laptops that are provided by the government for their study activities.

	Chinese education	Australian education
Differences	Rope learning Emphasize memorizing and reciting Ignore the importance of understanding Exam-oriented Standardized Less communicating and more listening Mechanical learning Stress results Unilateral development Ignore mental development of the students	Skill learning Focus on understanding Value the application Marks cannot represent the talent Customized More communicating Critical thinking Stress process All-round development Pay more attention to shaping students' personalities
Examples	The students just memorize what the teachers have told them without understanding Teachers, parents and students all focus on marks	There are some group discussion in the classes Consulting services are provided to the students to get a general idea of the students' ideas and feelings
Similarities	Education is love Intend to cultivate talents who will devote themselves to the society Have great vision and mission	

		China	Australia	Examples
Differences	Educational system	Closed-door enrolling	Open-door enrolling	China: Gao Kao Australia: Diversified criteria in each state
	Structure of course	Course arrangements are completed entirely by school	Personalized timetable based on students' own selection	
		Various of cram schools	Completely depends on personal interests	
	Mode of thinking	Emphasis on collectivism	Emphasis on individualism	China: nearly 15 courses in high schools, such as ideology and morality, geography, history, politics, etc. Australia: some courses focus on development of personalities, including gardening, volunteering, etc.
		Motivate ability of getting higher scores	Motivate critical thinking	
		Overdependence on parents and teachers	More independence	
	Value	Single	Multiple	
Similarities	Moral character	Attaches great importance on moral character	attaches great importance on of moral character	Some basic citizen's characteristics, such as respect, kindness, warm-hearted and politeness.
	Parents' exemplary role	Emphasis on words and deeds	Emphasis on words and deeds	Parents are the first teachers of children and children's examples and imitating objects.

		Chinese education	Western education
	Teaching strategy	Cooperation, assistance	independence
	Study environment	Cooperative, collaborative	free
Differences	pressure	Strong pressure	Little pressure
	Teaching focus	Regulation, fundamental ability	Self-esteem, creativity
	Teaching style	Teacher-controlled	Student-controlled
Similarities	Attach importance to integrated education& early education		
Examples	Caseof BBC documentary "Chinese school"		

三十六、走心的"创意教学"

"*Innovative Teaching*" *with mindful intention*

据报道：近期，澳洲的"创意教学"大获全胜！此创新教育理念在澳洲的公立学校试点成功。传统的教学方法是老师独自站在讲台上讲，而学生们则在台下听，学生们好似"人虽在课堂，但是心儿已经自由地飞扬到窗外。"整个教学状态缺失的是兴趣和互动。虽然，传统的教学也许依然可以培养出了"高分"生，但是，我们的社会是否只需要会考出纸面高分的学生？很显然，答案驱使我们去了解获胜的"创意教学"的智慧和魅力。

"创意教学"走心亮点之一：师生们齐心点赞"参与互动"。比如：传统教学的科学课老师，最令教师头疼的是如何让学生们注意力集中在科学抽象的学习中？如何让学生们心甘情愿的参与到教与学的互动中？这些问题一直让任课老师"一个头，两个大"。快乐来自痛苦得以解决的快感，体验了近十周的"创意教学"的新理念，科学课老师由衷感言：科学课已经成为学生们喜欢的学科，比如，以前有近一半以上的学生"挂科"，现在已经骤减为只有一位同学需要重修。更可喜的是，还踊出现了一大批"学霸"。看到学生们的快速进步，快乐成长，进一步印证了"创意教学"法的有效和成功。同时，也为师生们带来了乐教乐学的幸福感。

"创意教学"走心亮点之二：自信心的建立。"创意教学"倡导实践操作法，提升学生的动手能力，让学生减少伏案苦读。这种"走心"的教学法是将有乐趣的游戏和形体戏剧表演合二为一，把"室内的教学"搬家到"室外的实训"。让每位学生可以自主表现出创新能动性，在亲身体验的乐趣中，知识就自然而然融入学生们的心里。老师认为此次试点成功，来源于信心的转变：以前的学生在传统方法下学习，患上了"自信心缺乏症"；新的"创意教学"注入了许多自信的强心剂，每位学生都有机会体验到"我是最棒的"、"我是成功的"美妙时刻。"信心的重建"对于学生们就像注入幸福维他命一样势在必行。

澳洲悉尼大学迈克尔·安德森（Michael Anderson）教授表示："走心的创新型教学项目是为了教会学生们创新，将来能够更好地用于学术和社会中。孩子们参与创造性的社会和学术科目的时候表现得很好。将来的工作也要依靠创新和创造力，这也正是我们的学生能够在学校得到的能力。"

澳大利亚是一个多元文化的创意和创新中心，为学生们提供了前瞻性思维教育以及与其相配套的世界一流的研究设施。国际课程设置关注学生的兴趣爱好和实用技能的全方位培养,进一步加强学生们的自信心、自主能动性和思考分析的综合能力。由于澳洲院校普遍采用小班制授课的管理,每位学生都可以体验到老师的耐心指导。

决定在这座迷人的国度学习将会给学生带来一生美好的记忆。澳洲为学生提供了世界级的教育机会,它也是一个可以开拓、发展学生未来前景的天堂。学生们会在充满活力的气氛中,感受教育活动和文化气息,提供学生们一个深入体验澳洲文化教育盛宴的机会。

在澳大利亚的学习经历会引导国际学生通往成功的职业生涯。我们鼓励潜在的雇主和教育机构为国际学生们提供更多更好的实践机会,我们将给孩子们一支画笔,让他们以创新的视角尽情地描绘出明天光辉的太阳和绚丽的彩霞,学生们将会塑造我们世界的未来、实现价值、创造辉煌、感悟生命的真谛。

(资料来源:Australia Plus 关注澳大利亚政府教育资讯官方微信[EB/OL].澳大利亚政府教育资讯,2016-01-03.)

海外课堂爱心小天使

融入内心的创意教学

海外课堂爱心小天使:世界经典创意广告语之一的:"不溶在手,只溶在口。"此灵感之作暗示巧克力味道很好,以至于不愿只停留在手,更愿意停留在口中。我们的创意教学也是美味巧克力的原理,让孩子们喜欢得直融入内心深处。

三十七、创造了一项新的吉尼斯纪录

created a new Guinness record in the world

据报道:澳洲的一只"明星"母鸡力争成为全球首位会发 tweet 的网红名鸡。它具有超凡的气质,惊艳世界且创新迭出,取得了辉煌的成就。"明星"母鸡名叫 Betty,出生于澳大利亚。因此,Betty 的母语是英文,Betty 热爱发推特,它在电脑键盘上,平衡使用灵巧的双脚和敏锐的鸡喙发出了几百条英文推特,整体动作配合默契;其发文方法是左蹦右跳,又踩又啄;

会发推特的母鸡

其状态是忙碌并快乐着的;其发文内容颇具纯粹的"创新设计感",如神秘使者的花园谜语。据说,Betty 如天才般成功推出了由 5 个或以上英文字母组成的、并可以在英文字典里查到的正确单词,因此,我们向"明星"母鸡 Betty 表示最衷心的祝贺:它创造了一项崭新的吉尼斯纪录,荣誉登上世界首席的"第一只发 tweet 母鸡"的皇冠宝座。

我们感叹:前几日,Betty 还是一只很平凡的母鸡,"鸡生梦想"也许就是再接再厉努力多生些蛋宝宝,光耀门庭,荣耀鸡窝。可眼下,它摇身一变,已经成为一只拥有超高人气指数点赞的顶级世界著名发推母鸡了。

成功人士的背后总有鼎力相助的支持者。"明星"母鸡 Betty 的身后展示的是澳大利亚快餐连锁大亨 Chicken Treat 的自信微笑,我们心领神会:Betty 原来是一只背景深厚的鸡,这正是 Chicken Treat 千方百计以此来提升市场知名度和美誉度的宣传活动,来重塑快乐的品牌形象。希望吸引

海外课堂爱心小天使

Nothing is impossible

海外课堂爱心小天使:这世界的成功往往来自独一无二的首例。Nothing is impossible(没有什么是不可能的)。不怕做不到,就怕想不到,想到了,就可以做到。这就是创新的魅力。

更多青年人的关注,更可喜的是 Betty 已经大获成功,更进一步拥有跨越国界的全球性关注。Chicken Treat 首席执行官巴蒂斯塔(Mimma Battista)表示,"社交网络是一种非常强而有力及快速地与客户沟通的方法。我们认为 Chicken Tweet 能反映出独特与无忧无虑的一面。"

母鸡都会写英语了,学生们书写出优秀的论文还不是理所应当吗? Chicken Treat 为此专门发过一条激励宣言:"如果一只鸡都能发推文了,还有什么事是人们做不了的呢?"对嘛!海外课堂的莘莘学子赶紧起来奋发向上,可不能被一只母鸡比下去了!

(资料来源:澳大利亚的母鸡会发推特啦! 母鸡中的战斗机! 推特中的未来推![EB/OL].澳大利亚政府教育资讯,2016-01-02.)

三十八、澳洲的"爱国"小牛

Australian map on a calf who is regarded as a patriotism

据澳洲一则新闻报道:也许是特别赠予澳洲国庆日前夜的爱国礼物,在 2016 年 1 月 25 日(也就是在澳洲国庆的前一天)。澳洲牛圈的目击者惊奇地发现,有一头神奇的澳洲小牛身上,天然生长着"澳洲地图"的奇异花纹。同时,它甚至还创意"长出了"澳洲近邻新西兰的地图。澳新友好邻邦的地图如天造地设一般和谐共处于"爱国牛"的身躯上。

这位幸运的"爱国"牛,因为生有澳新地图的独创魅力,而幸存于世。它从被卖成 BBQ 的命运,一夜之间就变成了红遍网络的"爱国"小牛,从而免除了被制成美食的厄运。

听说,在澳洲国庆日,一共有八百多位澳洲人喜获荣誉勋章。澳洲牛圈的目击者建议:是否也可以考虑给"爱国牛"授予爱心特别奖?以此来弘扬博爱精深的非凡魅力。

牛圈的全体工作人员以"爱国牛"的"创新力"为荣。我们希望等"爱国"小牛再长大一些,

身上有澳洲地图的小牛

(资料来源:澳洲小牛因身上有澳洲地图,从即将成为 BBQ 摇身一变成网红!

[EB/OL].墨尔本微生活,2016-02-05.)

全球的世界地图也可以长在它的神奇的身躯之上，尽显世界一家和平共荣地和协场面。

海外课堂爱心小天使

把爱国放在心头的幸运星

　　海外课堂爱心小天使解读：它是一头很奇特的牛宝宝。是一头把爱国放在心头的幸运生灵，它的独特创意拯救了它的命运，使它时来运转。也许接下来它会成为爱国或创意的代言人；也许会成为澳洲科学家们研究的亮点；也许会享受像国宝熊猫宝宝一样的国家级特别保护。

三十九、海外课堂教学艺术的反思

introspection on the teaching art of Global School

美国心理学家波斯纳提出了一个教师成长的公式:成长＝经验＋反思。叶澜教授曾说:"一个教师写一辈子教案不一定能成为名师,而如果一个教师写三年反思,则有可能成为名师。"

反思一:

乐于学＋互联网"深入灵魂深处,支持全方位的参与式教育"。

手机对学生灵魂的渗透力太大,为了防止"低头一族"的产生,上课之前手机上交也成了一道奇特的"风景线"。在互联网信息化的今天:"疏"的教学方式远比"堵"的方式更深入人心,海外课堂支持,并积极引入互联网来辅助教学,让原本被迫上缴手机的学生,吸引到更加科学的教与学的沟通中来,让本来纷扰课堂秩序的手机,自然转化为辅助教学的朋友。站在互联网信息化的前沿,海外课堂也证明了现代化教学的进步和发展。

我们喜悦地看到学校的课堂将会有:先进的教学手段——"数字教学"、"多媒体教学"、"网络课程"、程式化的"时尚"教学;丰富的教学设计——"任务驱动"、"案例教学"、"项目教学";灵活的教学形式——"自主探究"、"小组竞争"、"合作交流"、"表演式"的课堂、"形式化的合作"。"让课堂灵活起来,让学生灵动起来",我们为参与式教学尝试着、努力着、实践着、收获着。

"数字课堂"开启全新的创新之路。"数字教育"的前景究竟如何? 信息技术的硕果会给教学课堂带来新的便利和不同凡响的飞跃吗?

教育领域的先进创新成果开始布展了,为前来参观的兴趣一族们提供了详细的讲解和真实的体验平台。在科学技术展台上,吸引人目光的是一个直径大约1米的地球仪模样的设备,驻足咨询合影的人络绎不绝,解说员面带微笑,并耐心为大家讲解:"我们现在一起看到的是一款名为多媒体球幕投影演示仪的设备,俗称数字星球。这款设备可以给我们的地理教学带来栩栩如生的精彩效果,同时,也可提升学生孩子们的学习热情和兴趣。"解说员按下了电源开关,数字星球屏幕闪烁出宝石蓝色的光芒,五大板块的拼图迅速呈现在眼前。随后,解说员对连接球体的电脑进行了简单操作,一条条经纬线马上就出现在这颗"地球"上。

"数字星球能够模拟许多自然现象,比如地震、台风等,相关数据也能根据教学需求自定义。"解说员话音未落,数字星球上顿时"风疾电掣,天翻地覆",气旋和震源清晰可见。在场的一位地理老师对这件教具感触颇深,她告诉前来采访的记者:"我的很多学生刚刚接触地理知识时,大都觉得很难理解,我们老师单从文字讲解和平面模具来教,会让学生感到枯燥乏味。数字星球正好能弥补这一点,立体生动的演示,一定会大大激发学生孩子们的学习兴趣。'味如嚼蜡'即刻变成'津津有味'。兴趣也是我们老师最智慧的助教呀"。

科技展示现场的智慧白板(下文简称白板)——你健康,我快乐的教学应用整合的创新知识也很吸引我们。"白板相对黑板来说书写版面更大,触摸屏用手就能操作,能有效替代粉笔擦、粉笔这些消耗性器材。为我们师生的健康快乐的教学环境保驾护航。"现场热情高涨的授课老师一边演示一边悉数白板的优势及教学运用。"比如,在中澳活动周,我们弘扬中澳两国文字,可以开展一次中英文写字竞赛,邀请多名中澳学生上台:澳洲学生写中文;中国学生写英文。请大家注意左上角的工具栏,书写的笔画可以保存。通过回放书写过程,让每一位学生来点评,也同时乐趣做评审小老师,以比赛方式带动孩子们的学习兴趣,产生互动的同时,让每个孩子知道汉字的正确笔画和英文拼写的精准性。"记者现场采访了一位澳洲驻中国的外教,她用流利的中文说:"我相信好孩子都是鼓励出来的,我热爱智慧白板的教学手段,因为它鼓励我们教学相长,互动乐趣,科技当先,幸福教育。"

"活"学"活"用也是海外课堂教学艺术之灵魂。取得最佳教学效果,就看能不能在课堂上突出一个"活"字。在这里,"活"就是学生的积极参与,"活"就是学生的热心配合,"活"就是师生之间的和谐默契,说到底"活"就是——课堂教学的最高境界。

反思二:

理想的好课堂就是:教得高效、学得开心、考得愉快、获得幸福!

卢梭在他的教育名著《爱弥儿》中写道:使你的学生去观察自然的种种现象,不久以后可使他变得非常好奇。你提出一些他能理解的问题,让他自己去解答。要做到:他所知道的东西,不是由于你的告诉,而是由于他自己的理解。不要教他这样那样的学问,而要由他自己发现那些学问……书中还描述了这样一件事:一次,老师为了教爱弥儿学会辨别方向,就把他带到大森林里。爱弥儿在大森林里迷失了方向,又饿又累,但找不到回家的路。这时老师通过中午树影朝北的常识引导爱弥儿找到正确行进的方向。这就是有目的地利用大自然的情境引导学生学习和思索。

在苏霍姆林斯基的教学思想中,就十分重视自然情境的教育作用。他经常带领孩子们到大自然中去,细心地观察、体验大自然的美,从而使学生在轻松愉快的气氛中学习知识,激发学生的学习兴趣,发展学生的想象力和审美能力。为了达到这样的目的,苏霍姆林斯基给孩子们编制了三百页的《大自然的书》,每一页都能引起孩子们极大的兴趣或描绘出生动鲜明的客观事物的形象。

海外课堂爱心小天使

成长＝经验＋反思

海外课堂爱心小天使感叹:课堂教学的境界是要充满爱意、气氛活跃且兴趣盎然的。学生以智慧的挑战、情感的共鸣、发现的愉悦,让教师的生命在课堂里发光,魅力在课堂里展现。让课堂拥有魅力和灵魂。教师培养孩子们健康快乐成长,同时,孩子们也能启发教师成长为健康快乐的引路人。在和学生的互动中,教师总会突然产生一些灵感,这些智慧的闪光点往往突如其来,突然而去,不由自主,这也是教学艺术反思的源泉。用心的教师会把日积月累的"灵幻之光"收集起来积累为浇灌学生的心灵之泉。实践中,也就进一步吻合了美国心理学家波斯纳曾提出的教师成长的公式:

成长＝经验＋反思。

四十、海外课堂爱的寄语

the love message of global school

　　海外课堂每天的学习生活就像是一张美丽的拼图,属于海外课堂的上半场已经拼完。明日继续启程,去寻找体验拼图中的另一张美丽画卷。成就这美轮美奂的魅力诗篇。

　　或许,数年后,人和美景都变了,没变的只是这张照片里笑容阳光的你我,但如果再来到这魂牵梦绕的海外课堂,我依然能精准找到当年靠窗的桌椅和放书包的位置,再和"袋鼠"教授一起感受欢声笑语。

　　或许,数年后,我不再面朝家乡拥抱你,而是转身拥抱大海,和远方的那座迷人的塔斯马尼岛。你忘记了你转身竖起的大拇指和模仿考拉的萌态,但我却回想起你我一起站在山顶听风吹来的故事。

　　或许,数年后,我仍旧月朦胧鸟朦胧模糊了你的音容笑貌,但绿荫红毯上弹着钢琴的学子,以及映衬乐美的那片风景,已经永恒刻在了每个恬淡的午后。我们又重新相聚在一起,一起回忆那时爬过的高山,下过的蓝海,走过的繁华都市。海外课堂让我们结缘在一起,我相信缘分,你相信吗?

　　或许,数年后,我们唯一的欣慰,就是下了去周游世界的决心,遇见了在大洋彼岸海外课堂等我的学伴们,和自己最美、最炫、最心驰神往的曾经。

　　或许,数年后,物是人非,但是我们还依旧连线到海外课堂的心灵地图:如果说图书馆是一所大学的心脏,那么当我们来到澳大利亚的大学,就径直走进了它的心脏。在它的灵魂深处感受'慧眼看世界'的大度大气和大智慧。

　　或许,数年后,我忘记了音乐课堂里那名金发碧眼的教授,也记不得坐在我周围的引吭高歌的人群,但我永不会忘记,在幸福色调的粉红教室里,随着海风,摇响风铃的那一瞬间,心里盈满了追求海外课堂的幸福之梦。

　　或许,数年后,健康、快乐、幸福、成功、乐观、幽默的我,就来自海外课堂的一块白板,和传承着教育是爱,爱是幸福的这一个人。

　　或许,数年后,我也会和一群孩子在温暖的灯光里,分享海外课堂的乐趣,但那盏温柔灯和灯下席地而坐的你我,已经是慈爱的爷爷奶奶辈了。

　　或许,数年后,才发现不管当时在海外课堂是怎样的笑,回忆笑声成串的时候,心里的某处竟会莫名地颤动几下,也许是心醉了、心动了、心驰神往了。

或许,数年后,我又走了很多路,很长的桥,发现再也遇不见那时遇见的一模一样的回忆,才领悟到,原来人生很多事也都只有一次。也许我是想起了那时的海外课堂,又或是想念当时的自己。

或许,数年后,我感悟到了海外课堂浪里淘沙,沙里淘金的另一种人生之境界,但却拥有不一样的求知的欣喜和玩闹的心境。

或许,数年后,我忘记了身后的蓝蓝的天空、纯洁的白云、清澈的湖水、绿绿的草原,但那时在海外课堂的感觉和热烈的心却时时在梦里徜徉。

或许,多年后,这张海外课堂的证书带给我的惊喜已经在记忆里渐渐的远去,但泛黄的纸张,仍能带我穿越回那个二十岁的年纪,瞬间捡拾起我与教育是爱的故事。爱,像空气,每天在我们身边:爱比珍珠更宝贵、比糖果更甜蜜、比水晶更晶莹、比阳光更绚烂、比群星更璀璨、它滋养着我们的生命与呼吸。融入我们的心声:爱是幸福。

或许,多年后,看着相机把这一幕幕的画面定格,定格我们的美好瞬间,我们会重忆起我们一起在澳大利亚这座城市里看过的美景、美人、美事,记住融化心灵的一刻,我们一起走过"人生处处是课堂"的澳洲的校园,看着人与自然和谐相处,也看看袋鼠妈妈和考拉宝宝与你我的亲昵。

或许,多年后,一样的静夜,一样的美景,一样的丽人,只是充盈着全然不一样的心情。海外课堂的欢乐时光就这样悄然流逝,离别在即。不舍这里的一草一木;不舍这里的一人一物;不舍这里的一笑一颦。为何不把今日的分别看作是明日的团聚呢?是呀!此时的暂别是为了日后更暖心的相聚。

海外课堂爱心小天使

友情旁白

海外课堂爱心小天使回忆感言:也许,多年后,大自然赋予我超越人类力量的神力,让我重新选择人生之路,我依旧会心甘情愿一路爱心陪伴你感受海外课堂的缤纷乐趣,永远与你爱相随、心永恒。

附录 1

华东师范大学澳大利亚研究中心

华东师范大学澳大利亚研究中心成立于 1985 年,致力于从事与澳大利亚文学、文化、政治、经济、外交、教育、社会等领域有关的教学、研究和公众活动,是我国成立最早、成果最丰的澳大利亚研究机构之一。我中心国内外学术与文化资源丰富,国际交流合作活跃。中心主办的"华澳杯"中澳友好全国大学生英语大赛在国内外享有盛誉。

华东师范大学澳大利亚研究中心与国外高校、政府机构与非政府组织有积极、活跃的合作交流关系,中心每年向美国、澳大利亚的合作伙伴院校派送硕/博士研究生、教师、学者进行访学,中心师生也经常性地参加国际重要澳大利亚研究学术活动,包括日本、韩国、意大利、匈牙利、奥地利、美国和澳大利亚。

自 1987 开始,位于澳大利亚墨尔本的拉筹伯大学与我中心就开始了交流合作。从 2001 年开始,中心开始每年派送研究生赴该校进行研究访学。

从 2010 年起,我中心开始向拉筹伯大学选送华东师大英语系优秀本科生交流,交流生正式在该校注册入学,学费全免,华东师范大学承认其在拉筹伯大学修读的全部学分。迄今已有 20 余名学生获得赴澳学习的宝贵机会。

同学们在墨尔本这个世界宜居城市的名校接受正宗的澳洲高校教育,选修自己有兴趣的课程,同时也体验感受了澳大利亚的多彩文化和美丽风光。

这里选编的是 2015 年 9～11 月,华东师大英语系交流生樊璐瑶、封灵、陈雨萌的赴澳交流随笔。

华东师范大学澳大利亚研究中心主任

陈 弘

附录 2

澳洲:一城一事

2015 年 7 月 13 日,经过十个半小时的长途飞行,8 725 公里,我们一行三人从北半球上海炎热的夏天到了墨尔本的冬天。我们在飞机上讨论:明年就是猴年了,如果可以像美猴王哥哥一样一个跟头十万八千里,飞跃从中国上海到澳洲墨尔本的 8 725 公里,岂不是轻而易举?

上海北纬 31°,墨尔本南纬 37°,你若问我,这两个城市在纬度度数上很接近,那么墨尔本的冬天和上海有什么区别? 我会这么告诉你:一起等车的老大爷说这寒冷的天气让他几乎不能呼吸了,而当时气温还没跌破 5 度;一起上课的澳洲妹子说这 freezing cold 的天气里热咖啡简直是命根子,而她不过只穿了一件吊带和薄风衣。

结束一学期的课程,我们花了两个整天凑在一起预订了 26 天的"环澳游"行程。匆匆忙忙,兜兜转转,在澳洲地图上的这一圈——我们跟一群天南海北世界各地的人住过高山流水遇知音的云间小店;吹过碧海青天的大风只为了等"企鹅绅士"上岸;看过第一道阳光照在艾尔斯巨岩上"发射"的双彩虹;也在大

青春飞扬在澳洲

堡礁某片沙滩摸过脚边游过却不知名的鱼。

和中国一样,澳洲的城市也是一方水土养一方人,每个城市之间无论是文明程度、生活风格还是经济水平都差别很大,但现在回忆起来,并没有哪个城市是"不值得一去"的,每个城市每个地方都给我们不同的印象,每到一个地方,我们就多认识澳洲一点。

墨尔本(Melbourne)
"爱你流动着的魅力"

我们停留最久的城市是墨尔本,也是我们最怀念的一个地方。

> 如果墨尔本有性别,我想她应该是个姑娘,
>
> 温婉端庄,复古内敛,穿着维多利亚式的长裙,
>
> 喷着咖啡味的香水,踩着春天的脚步
>
> 旅游杂志里再多的安利,也抵不过亲自去走一走。

这里有一年四季都蓝得发绿的天和白得透明的云。在遇见墨尔本之前,从来没有过想留在另外一个国家生活的念头。她有着巨大的胸怀,可以包容世界各地的声音,很容易遇到华人听到乡音,甚至是上海话;课堂上,有华裔、有黑人、有穆斯林,有时候扎着头巾的姑娘偏偏会说自己是土生土长的 Aussie。在这里永远都没办法通过一个人外貌来判断他是否是当地人。不仅是包容,更多的好像是一种吸引力,墨尔本有种想把所有来访的人都吸进来的强大力量。也可能这样的引力正是来源于她的包容性。

在澳洲留学的中国学生都把这个世界最宜居城市叫作墨村,世界暖心就是一个村,据 News.com 报道,墨尔本一次又一次吸引了世界的眼球,在最新的评选中成为世界最宜居城市,这是墨尔本连续第五年得此殊荣了。

袋鼠岛(Kangaroo Island)
"你好,Aussie Animals"

记得在"Discover Australia"的课上,老师问在场所有的留学生觉得澳洲的特点是什么,很多人说是"Aussie Animals"(澳洲的动物)。我想,最能体现澳洲"地广人稀动物多"这个特点的应该就是袋鼠岛了,它被称作是"世界上最后一块处女地"。岛上大部分地区没有信号覆盖。在这样没网没信号的情况下,我们大部分时间都在动物栖息地寻找动物,我们花费很多时间在一片桉树林里寻找树上的考拉,在海滩边上的观看台观察海狮海豹,在路上偶遇各种大小袋鼠,还和一块叫作"非凡的石头"(The Remarkable Rock)的石头从各种角度合了

影。每到一处都能感受到人们对动物栖息地的爱护,时刻有人提醒着我们要和动物和谐相处,而动物们也习惯了人类朋友如此近距离地探望它们。

和团友们在袋鼠岛的 Remarkable Rocks

塔斯马尼亚岛(Tasmania)
"跨越山和大海只为赶来与你相见"

这里是"世界的尽头",我们遇到了来自世界各地跨过山和大海,抱着各式各样的人生,怀着不尽相同的期待前来一同探索塔岛的人们。

其中有好多人是来享受 working holiday(工作旅行)的,同一房间的来自马来西亚的姐姐说,国内(马来西亚)的工作一狠心辞掉就跑来澳洲了,之前凯恩斯摘了两个月的树莓,攒够了钱就来塔岛旅游了。如此自在如风的生活状态让我们在惊讶的同时艳羡不已,似乎对于大部分国人来说,世界确实很大,"我"也确实想看看,但是抛弃工作周游全球的决定始终没有勇气付诸实践,羡慕她的潇洒人生。

这一行的导游 Max 是土生土长的塔岛人,从没有出过塔岛,是一个会走着走着跳下海去游泳,随身带水煮蔬菜作为中饭,感冒了也不肯穿外套活力满满的年轻澳洲男子。他对于游客们(我们一车人,有来自西班牙、德国、荷兰、日本、马来西亚、中国香港的游客和我们三个)很有亲近感,大概是因为他从未出过塔岛,即使接触过各国的游客,也还是一位无所畏惧淳朴的年轻人。

乌鲁鲁(Uluru)
"澳洲心脏,愿你永远安详美好"

在乌鲁鲁是让我们感到离澳洲最近的一次。澳洲历史不长,若是从 1788 年算起,对于身上背着五千年历史的中国人而言,这两百余年简直算不上历史。然而,到了红土中心,亲眼看到课本上的壁画、石洞和照片里的土著人时,才觉得上亿年的历史活生生就在眼前,所以在红土上的每一步都抱有敬畏。

艾尔斯岩的日出　我们有幸看到日出时的双彩虹

悉尼（Sydney）
"急弦的歌里总有缓慢的行板"

在紧凑的行程中，我们特地安排了去悉尼歌剧院看了一场《哈姆雷特》。而这次经历，最让我们印象深刻的，不是歌剧院有多美丽，歌剧院门口的海港大桥有多壮观，而是对于悉尼人民来说，去歌剧院就是日常的调剂，有些人可能买了月票季票，时不时就来看一场，可能比我们去电影院看电影还要频繁。

同澳洲人相比，中国人显得更勤劳。虽然也有人说这其实是澳洲人更会享受生活、更懂得维护自己享受假期的权利。有趣的是，我们走过几个城市，华人只有在繁华的城市才大片聚居，小的地方很少有华人也很难看到中餐馆，也许是因为只有繁华的城市才能吸引并且留住喜欢热闹的华人，但我们也总开玩笑说是勤劳的华人支撑了那些繁华的城市。

这一行其实也有些遗憾：虽然生活中遇到过一些热情的澳洲人，但是并没有与谁有深入的交

交流生封灵在悉尼歌剧院与

话剧《哈姆雷特》主演合影

流，就如一位曾在日本生活过多年的澳洲教授所说，澳洲人虽然热情乐观，就算是路上偶遇的陌生人，也愿意提供各种帮助，但是他们骨子里是非常独立的，并不喜欢参与到别人的生活中去，同样也不愿意别人过多的参与自己的生活。和萍水相逢的人谈论一些比较深入的话题，在澳洲人眼里可能是奇怪甚至有些冒犯的举动。

除此之外，澳洲人留给我们的印象，还有一种难以形容的单纯，我们常玩笑说，澳洲和澳洲人有些"萌白甜"，这种单纯并不是天真无邪的单纯，而是常年生活在高福利国家的人们独有的单纯，对于名利没有过多的追求，注重享受当下多过对未来的规划，也常常把事情想得过于简单。就像很多生活优渥的人一样，这种单纯只体现在思想上，并且往往搭配着高素质

的言行举止。

这是一个移民国家,形形色色的人为这片南方古老荒芜的大陆注入了不息的活力,给了澳洲人以及澳洲动物们宽容乐天的性格,悠闲愉快爱生活的态度,好像什么事情都像他们的口头禅一样——"No Worries"。向同学表示感谢,他回"no worries";向路人问路,末了他说"no worries";决绝商场里店员的推荐,他笑一笑说"no worries"。也许对澳洲人来说,多说"no worries",worries 就真的可以少去很多。

我们非常感谢这一路上遇到的和帮助过我们的人,并且真诚的希望这片神奇的大陆和这个"萌白甜"的国家永远平安无虞!

生活环境

15 年 7 月初,我和两位学姐一同从上海飞往墨尔本,作为交流生在墨尔本生活学习了近四个月。刚到墨尔本的时候,地处南半球的澳洲是冬季,上飞机前我就揣了一件羽绒衣在怀里,下了飞机一秒夏天变冬天。

墨尔本有最典型的蓝天白云,冬季风大,没有太阳就冷到不想出门,一出太阳又热的不像冬天;夏季太阳大,不涂防晒霜没一会儿皮肤就晒红了。不过呢大街上跟着天气增减衣服、

多元文化的学习环境

甚至下雨天打伞的基本上都是亚洲人，澳洲本地人——尤其是男性——不论什么季节都有人穿短袖短裤。

因为澳洲的学生们一般都踩着上课铃到教室，下了课又匆忙离开（他们大多在课余时间做一些兼职工作）。偶尔有一次跟一起上课的澳洲姑娘喝了一杯咖啡，她告诉我，在她上大学学历史并决定当历史老师之前，曾学过设计、做过化妆师、还当过游泳老师。现在则在一家 Richmond 的鞋店里做销售。和绝大部分同龄中国学生相比，这绝对是不同的人生经历。在决定人生方向前，似乎澳洲的伙伴们给予自己更多尝试的机会。

我们住在 Preston 区的一家很受学生欢迎的国际学生公寓，这里有很多来自世界各地的留学生。在厨房，我们常遇到各国的"美食家"们，巴西、美国、新加坡、日本、泰国，我们的话题由食物到生活，尽管没什么深入交谈，很多人也只是匆匆一面，但在十平方的厨房里遇见"整个世界"也是神奇的事情。

求学感受

作为英语系的学生，来到澳洲这个以英语为母语的国家，我们三个人就是澳洲的"国语"专业，凭借着华东师大的骄人优势，也就是"国际教育"专业了。同时，凭着兴趣爱好，我们还选了一门文化历史类的课程和一门摄影课。

每一门课基本上是每周一堂教授讲解的大课配上一堂助教主持的讨论课的模式，大课往往有一个教授团队备课，几位教授轮流讲课，除了偶有学生提问之外没有什么互动，而讨论课的质量就完全决定于助教的认真程度了，我们遇到过认真的不容学生开一点小差、积极组织大家讨论的老奶奶 lecturer；去过很多国家生活、上课邀请我们一起举杯喝水的 Sarah。澳洲大学里的讲师就和澳洲风情极度契合，各具特色，充满包容性。

在学校里能够明显感受到澳洲的文化多元：学校里的亚洲面孔很多，但其实看着像亚洲人的很多已经是二代甚至三代移民，他们最流利的语言就是英语；学校的中心叫做 Agora，原来是希腊语，意思是"聚会之地"。所以这里人气指数很高。图书馆和各式餐厅都聚集在 Agora，图书馆周围的餐馆中，两个中餐馆最受欢迎，其次是一家印度餐馆和一个鲜榨果汁店。每隔几天，图书馆门前的广场就像是世界联合国一样，会有不同国度的节日庆典活动：印度等中东国家往往是跳舞庆祝，非常热闹；中国的很多是和书法相关的活动，安安静静，尽显泱泱大国的稳重；还有其他国家的活动往往是带有宗教色彩的，更显理性与感性、传统与现实的相互交融。我们想象在夏天的圣诞,不是裹在厚厚的衣服里,而是在暖暖的室内看着冰冷的室外,澳洲人对圣诞的热情比中国人对春节的热情只多不少,在离圣诞还有两个月的时候,商场已经都被装扮得姹紫嫣红,醒目的广告牌已经打出了圣诞倒计时了。

我在学校里遇到的本地和国际学生,不论来自任何国度,多少都乐于做兼职,以餐馆服务生和商店营业员为主,以此来充实自己的社会实践活动。相比之下,中国留学生往往不会拮据,倒不一定是因为家里经济条件优越,我们觉得也许主要是源于父母对于孩子身在异国的心疼。

突然接触到英语国家的课程其实心里像揣了个小兔子一样,七上八下。在国内,最有挑战的课程不过是由老师讲解,一个学期精读一本英语小说;而此时在澳洲,每一门课都动辄几十页的学术阅读材料,大多是学术论文,找不到中文译本,作为非英语母语的学生,此刻的确感受到凤凰涅槃的自我安慰。澳洲学伴问我们:"什么是凤凰涅槃?"我们想了想回答:"引申的寓意:凤凰是人间幸福的使者,每五百年,它就要背负着积累于人世间的困难和痛苦,投身于熊熊烈火中自焚,以生命和美丽的终结换取人世的祥和与幸福。而我们的学习,不正是这样破茧成蝶、达到自我完满的历程吗?"大学里英语写作的课程还没开始,这边已经需要写800～2 000字的论文作业。经历了一两个月来夜以继日的强化训练,一边照着网上查来的至理名言,一边又到处问出国留学的同学如何写 references(引用),成就了几篇文笔稚嫩但凝聚心血的论文,才慢慢地品尝到尽心尽力之后所带来的水到渠成的快乐。

我们选的文化类课程直译过来叫做"发现澳洲"(Discover Australia),它的独特性在于是四门课中唯一一门需要教科书所指导的课程。我们很高兴在澳洲发现了如此多的世界之最。

摄影课名叫 Photojournalism,直译过来叫做"摄影新闻",整个学期,都在教对单反的运用,非常有技巧性,是一门实打实的技术课程。这门课的作业当然都是交摄影作品,老师的要求非常别致,第一次的作业,是让我们从生活中找到看着像字母的物品和景色,不能摆拍,组成一个八个字母以上的单词,拍摄内容要和这个单词相关。理解了作业要求后,我思前想后,反复考虑了两周,直到我想到,我可以拼"Australia"这个词,这样的话,无论我拍什么,都和主题相关了。能够在平凡的事物中发现不凡的意义,这正是老师的良苦用心了。另外两次作业,也都要求是有主题的一组照片,只不过每次作业会对技术运用有不同的要求。我看到过的澳洲本地学生的作业,有取名"收获",是拍一组外公爷爷辈的农民收稻子、剪羊毛,像勤劳的蜜蜂一样。觉得很有意义。生命因为富有意义而充满希望!

樊璐瑶　陈雨萌　封 灵

写于 2016 年 3 月 20 日

附录3

中国学生赴芬兰海外课堂签证材料清单(18岁以下)

1. 有效护照原件(新、旧)——至少在出发时间半年有效期内;

2. 护照首页复印件2份;

3. 2寸彩色近照2张(近3个月内的,护照规格的白底彩照);

4. 学生身份证复印件2份;

5. 旅行医疗保险原件及其复印件;

6. 学生证原件,以及完整复印件1套;

7. 学校就读证明原件及复印件一份,包含完整的学校地址及电话、批准人的姓名及职位;

8. 双方家长或法定监护人出具的,或者不同行的另一方家长或者监护人出具的出行同意书的公证书,并由外交部认证;

9. 亲属关系或监护关系公证书,并由外交部认证;

10. 离异家庭离婚协议公证书,并由外交部认证;

11. 户口簿原件及户口簿所有页的复印件;

12. 资金证明:不少于人民币5万元,最近6个月的银行对账单(递交前一周内开具,加盖银行章),或申请人名下存款证明,父母名下的财产则需要提供申请人和父母的亲属关系公证,并由外交部认证。

注:所有申请人都需要面签,(18岁以下)面签需一位法定监护人陪同

中国学生赴美国海外课堂签证材料清单

1. 有效护照:如果您的护照将在距您预计抵美日期的六个月内过期、或已损坏、或护照上已无空白的签证签发页,请在前来面谈之前先申请一本新护照。

2. 一张照片:于6个月内拍摄的2英寸×2英寸(51毫米×51毫米)正方形白色背景的

彩色正面照。

3．签证申请费收据原件。

4．含有以前赴美签证的护照,包括已失效的护照。

5．能够说明您为何一定会返回中国的证据:下列文件可以帮助签证官评估您是否有意返回中国:户口本、身份证、雇佣证明、能客观反映您每月收入的工资单、上有正常规律的存取记录的存折,结婚证,房产证,车辆登记证等。

6．资金证明:证明您有能力无需工作即可支付在美停留整个期间的费用,例如能客观反映您每月收入的工资单、上有正常规律的存取记录的存折等。(注意:请不要出示银行存款证明单。存款证明单对签证申请没有帮助。)

中国学生赴英国海外课堂签证材料清单

1．4 张照片:(二寸白色背景彩色护照像,尺寸为 35 mm×45 mm)。

2．5 年有效因私护照:(有效期为 6 个月以上),凡是拥有已注销的老护照,必须提供老护照。如现有护照确系遗失补发的,必须提供公安局的遗失证明,旧版护照延期不收。因私护照上没有任何的出境纪录,必须提供以前出过国的纪录:包括公务护照、东南亚一次性旅游护照、港澳通行证、或在著名景点前的留影。

3．身份证:原件及清晰的身份证复印件(需正反两面)。

4．就读证明:学生在校的就读证明。

5．存款证明:提供银行存款证明原件一份(监护人 3 个月前存入的金额超过 5 万元的银行存款证明)同时提供存款单或存折原件)。

6．银行对账单:提供半年银行对账单。

7．结婚证:提供父母结婚证原件及复印件。

8．身份证:提供父母身份证原件及复印件

9．户口本:必须提供完整的全家户口本原件及复印件,其工作单位必须与户口本上的服务处所一致。

10．其他证明:房产证原件或房产证预售合同复印件;购车证复印件。

11. 不属于上海领区送签的,必须提供六个月以上的暂住证原件和劳动合同原件;不能提供有效长住户口的,必须提供户口所在地派出所开具的户籍证明原件。

中国学生赴澳大利亚海外课堂签证材料清单(18 岁以下)

1. 有效护照原件(新、旧)——至少在出发时间半年有效期内;

2. 护照所有有出入境及签证记录的护照彩色复印件;

3. 2 寸彩色近照 2 张(近 3 个月内的,护照规格的白底彩照);

4. 申请人出生医学证明黑白复印件 1 份,或亲属关系公证书 1 份;

5. 申请人所在的整本户口本彩色复印件 1 份;

6. 父母双方的身份证正反面彩色复印件各 1 份;

7. 父母双方持证人的结婚证黑白复印件 1 份;如果申请人是离异家庭,请提供父母离婚证黑白复印件 1 份和离婚协议书复印件 1 份;

7. 学校就读证明原件一份,包含完整的学校地址及电话、批准人的姓名及职位和手机号码;

8. 资金证明:父母名下余额不少于人民币 5 万元,最近 6 个月的银行对账单(加盖银行章),或申请人名下的存款证明。

(资料来源:以上签证材料清单由各国驻沪总领馆提供)

附录 4

行 前 介 绍

欢迎词

祝贺您即将开始一段精彩的探索之旅！前往外国旅行将是您一生中最愉快、最有趣的经历之一。为帮您更好地利用此次昆士兰游学之旅，建议您阅读本资料册。它将为您介绍一些有用信息，帮助您做好游学准备。做好行前准备，能缓解海外出行的焦虑感，帮助您了解并感受在澳期间的所见所闻。

昆士兰教育部致力于提供最优质的游学活动，关注学生需求，侧重于为全体参与者带来积极的学术和文化成果。昆士兰教育部国际处与承办学校，一同为寄宿家庭开设辅导计划、为学校协调员提供培训和认证，并与预订中介签订协议，确保全体参与者感受到安全、组织严密而又愉悦的游学经历。

感谢您选择前往昆士兰公立学校游学，预祝您此次旅行愉快，并留下美好回忆。

行前计划

行前计划的目的在于：

• 帮助参与者及其家人熟悉澳大利亚地理、生活方式与教育的相关特点

• 帮助参与者及其家人熟悉游学特点

• 认识此次参观访问在英语语言能力与信心、跨文化交际及个人发展方面的潜在益处，以及

• 向参与者介绍其在游学期间的责任及行为准则。

游学计划

参与游学计划将为您提供机会：

• 体验昆士兰的学校生活与日常秩序

• 与昆士兰家庭一同生活

• 探索各种旅游及文化景点

• 通过实际生活经历与英语对话课程来加强英语能力及信心

• 了解昆士兰生活方式与文化

• 了解民众、场所、制度与传统这些澳大利亚环境的组成部分

• 深入了解文化差异及其如何影响人际关系

- 提高您的跨文化沟通技巧

- 提高技能,帮助您在其他所有学习主题方面取得优异表现,如团队合作、英语沟通技巧、问题解决

- 在学术和文化场合下锻炼并应用新知识与技能

- 建立国际友谊,以及

- 了解澳大利亚的高等教育机会

如何使用本手册

您的预订中介会介绍相关信息,帮助您做好行程准备。昆士兰教育部国际处编制了一份行前介绍文件包,内含视频演讲及本手册,为学生提供帮助。您可能已经看过此视频演讲。

本手册供您携带回家,与父母一同阅读。建议您行前再看一遍,并随同携带至昆士兰。记住,您准备得越充分越好。

准备行程

护照与旅行文件

确保在行前提前申请好护照及其他旅行文件,因为这都需要一段时间才能取得。您的预订中介会协助您了解有关所需签证及其他旅行文件的信息。

旅游提示:行前最好复印护照上的资料页与签证页。将一份复印件留给父母,另一份随身携带,存放在与护照不同的位置。

旅行保险

全体游学参与者均必须在访问期间购买强制性旅行保险(适合澳大利亚)。请向预订中介查询推荐保险种类及逗留期间必要时所应遵循的程序。您的老师或寄宿家庭父母也需要这些资料才能为您提供帮助,因此建议您准备好相关英文说明。

免疫接种与药物

出境前,请与医生安排,接种澳大利亚规定的疫苗。欲知现行的疾病控制和检验检疫规定,请浏览 DFAT 网站:www.dfat.gov.au

若您准备携带药物,请向澳大利亚驻华外交代表团(ADM)咨询,确保您可获许携带这些药物进入昆士兰。对于某些药物,您可能需要携带医生出具的一封证明信,这封信应用英

文写成。

虽然最常见的药物在澳大利亚应有尽有，且质量上乘，但一些人仍然喜欢自己携带一个急救箱。进入澳大利亚时，海关可能会要求您打开急救箱检查里面的物品。

注：所有搭乘国际航班出入澳大利亚的乘客都要接受安全检查，看看是否违反液体、喷雾剂以及胶状物（LAGs）限制规定。

作为游客，您不能携带进舱或托运含有总量超过 1 升 LAGs 的行李。LAGs 必须装入容积不超过 100 毫升（3～5 盎司液量）的容器里，并应能轻松放入容量为 1 升的可再密封透明塑料袋里。

药物/医疗产品例外。

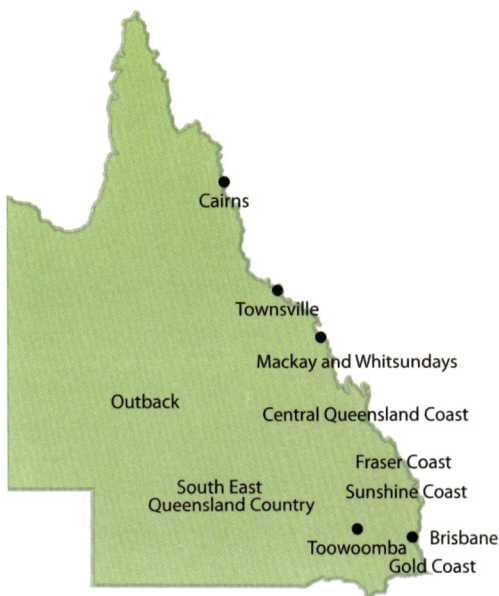

Cairns
Townsville
Mackay and Whitsundays
Outback
Central Queensland Coast
Fraser Coast
South East Queensland Country
Sunshine Coast
Toowoomba
Brisbane
Gold Coast

了解昆士兰

最好在抵达前稍微了解您即将参观访问的地区。参阅地图或旅游网站，熟悉即将访问地区的一些特点。产生兴趣会增加您对即将感受之经历的了解和认识，寄宿家庭也非常赞同这一点。

携带物品

除个人物品外，准备行程时您可能还要考虑如下事项：

现金——您有必要随身携带一些澳大利亚货币。建议入境时您至少要携带 100 澳元，以备游学计划第一周使用。其他货币应采用旅游支票形式，您可到银行或外币兑换店兑换澳元。各个国际机场都设有货币兑换店；不过，您的行程中可能没有充足时间在机场兑换货币。您应与随同老师和寄宿家庭商量安全存放现金和贵重物品的事宜。不建议您随身携带超过 200 澳元的现金。

记住，您的游学计划费用里包含了膳食、交通和计划活动，您只需承担纪念品及其他额外活动等个人开支。澳大利亚各地生活费用或有不同，您应与预订中介讨论开销要求。

包装提示

衣物——您所需的衣物种类取决于季节、访问地区以及游学计划的活动。

所有游学计划都需要携带休闲衣物,如:

- 牛仔裤

- T 恤

- 帽子

- 夹克,以及

- 2 双舒适的步行鞋

有些学生喜欢携带本国代表性服饰,以便穿着参加告别宴会等活动。

用电——澳大利亚的电压是 240 伏,频率是 50 赫兹,且澳大利亚插座都是三相插头。因此,若您准备从本国携带电器,您还应准备一个电源转换插头。您可在澳大利亚境外购买澳大利亚转换插头,但在澳大利亚境内购买可能更加方便。

个人用品——您可在澳大利亚购买防晒霜、个人卫生用品和化妆品等物品,但您也可自己携带。这样您就可在抵达后节省购物时间。一些学生还喜欢自己携带杂志期刊和地址簿。

照相机——这是必不可少的打包用品,这样您就可向家人朋友展示游学期间结交人士和经历的照片。确保始终将照相机存放在安全地方。词典——电子词典价格昂贵,且在澳大利亚也无法随处购买。建议您携带一本常用语手册或电子词典,以协助沟通。

照片——家人、家庭、学校和家乡的照片是理想的交流话题,也是向澳大利亚民众展示您在家生活方式的理想途径。照片在非正式谈话或演讲中很有帮助。您的伙伴和寄宿家庭可能很想观看您家庭和家人的照片。

礼品——您可能想携带一样小礼品来赠送给寄宿家庭,来表达友谊和感谢。

逗留期间,您会发现这本手册将是随身携带、随时查阅的有用资源。

护照和旅行文件——确保在行前提前申请好护照及其他旅行文件,因为这都需要一段时间才能取得。

检 查 表

个人物品:

- ☐ 眼镜/隐形眼镜/太阳镜
- ☐ 牙刷/牙膏
- ☐ 个人卫生用品
- ☐ 梳子
- ☐ 香皂/洗发水
- ☐ 面巾纸
- ☐ 护照/旅行文件

健康用品:

- ☐ 处方,并附上医生出具的证明信
- ☐ 急救箱
- ☐ 驱虫剂
- ☐ 维生素
- ☐ 感冒/流感药片

- ☐ 润唇膏
- ☐ 防晒霜

旅行包:

- ☐ 小型牢固的背包
- ☐ 照相机
- ☐ 读物/期刊杂志
- ☐ 常用语手册/翻译器
- ☐ 点心
- ☐ 笔和笔记本
- ☐ 地图

以备不时之需的物品:

- ☐ 针线包
- ☐ 毛巾
- ☐ 拉链塑料袋,以便装潮湿/易漏物品

小件物品：

☐ ☐ 手机和充电器

☐ ☐ 照相机

☐ ☐ 电子翻译器

鞋：

☐ ☐ 舒适的鞋子

衣物：

☐ 洗衣袋

☐ 袜子

☐ 内衣/保暖内衣

☐ 短裤

☐ 宽松裤子/牛仔裤

☐ 皮带

☐ 衬衫

☐ 手帕

☐ 帽子

☐ 外套/夹克

☐ 泳装

澳大利亚简介

澳大利亚国旗

关于昆士兰

以阳光之州为名，昆士兰市澳大利亚 7 个州中的第二大州，人口大约有 381.7 万人。

昆士兰涵盖的区域是英国的 7 倍、日本的 5 倍。昆士兰的主要人口聚集在海岸沿线的城市与乡村。从一个乡镇到另一个要花很长的时间,很多昆士兰的居民一个周末会花长达4个小时的交通时间来旅行。如果要得到更多旅游资讯,请浏览列于手册末的实用联络资料与其他资讯来源,或前往昆士兰各城市的游客资讯中心或访客中心。

气候

昆士兰有宜人的气候,夏天气温高,但因为湿度中等所以通常不会不舒适;冬天时天气晴朗,晚间与凌晨较凉爽。

澳大利亚人口2035.1万,分布于7个州(昆士兰州、新南威尔士州、维多利亚州、塔斯马尼亚州、南澳大利亚州、西澳大利亚州和北领地)以及首都领地(堪培拉)。

平均温度范围		
	夏季	冬季
BRISBANE	20-31	8-23
CAIRNS	20-36	17-26
GOLD COAST	20-28	10-22
SUNSHINE COAST	19-28	10-23
TOOWOOMBA	15-26	6-17
TOWNSVILLE	29-33	16-25

澳大利亚部分城市平均温度范围

澳大利亚国旗

1901年1月1日,澳大利亚各州联盟组建成澳大利亚联邦后,澳大利亚国旗也随之形成。这幅联邦蓝色舰旗是通过公开竞赛挑选出来的(共提交了3万多份设计);尽管于1901年挑选,并于1903年刊登公告,但它却一直没有得到皇室的正式批准,直到1954年才在《1953年国旗法》(1954年第1号法案)中得以采纳!它以英国的蓝色舰旗为基础,长是宽的两倍,暗蓝色底纹,并可被分为四个相同的部分。升旗区上下两个部分各有不同的含义,而剩下两个飘扬区部分则一同拥有另一种不同的星座含义。

民众与生活方式

昆士兰民众待人友好热情,因其态度随和、平易近人而闻名遐迩。您可抽出时间与寄宿家庭和朋友交流,这将方便您深入了解他们。大多数人都乐意与您分享个人及生活方式的相关信息。

澳大利亚是一个多元文化社会,因此"澳大利亚文化"是澳大利亚原住民、欧洲、亚洲、南北美洲和非洲文化的有趣结合体。

身处昆士兰,您将有机会接触不同文化、结识来自不同文化背景的民众、倾听英语外的其他语言,并品尝世界各地的代表性食品。认同文化多样性对澳大利亚民众和澳大利亚政府而言具有最为重要的意义。澳大利亚不容忍种族主义。

全体昆士兰人都有权享受平等权利、机会和责任,无论其来自何种文化、种族或宗教背景,法律严禁因此而产生的歧视。

宗教

澳大利亚各地实行完全自由的宗教政策。由于这里居住着来自其他文化的民众,他们带来了丰富的宗教派别和实践,包括佛教、基督教、印度教、伊斯兰教、犹太教和锡克教。

这些宗教及包括原住民宗教在内的其他宗教盛行于澳大利亚各地。澳大利亚还有一些家庭和个人并没有信仰任何宗教。

若您有特殊宗教需求,请与预订中介讨论,他们会为您转达相关信息。

习俗

澳大利亚共有200多种不同的语言和方言,其中包括45种原住民语言。最多人讲的语言(除英语外)为意大利语、希腊语、广东话、阿拉伯语、越南语和普通话。

尊重他人是澳大利亚文化的一个重要组成部分。这包括无论对方何种年龄、性别或社会地位,都要表现出公认的良好礼仪,并在可能的情况下提供帮助。在澳大利亚文化中,别人讲话时插话或打断是一种极其不尊重别人的行为。观看电影或其他公共表演时讲话也被视为一种无礼行为。

澳大利亚文化中,您大可声称自己不明白并提问。若您提出相关科目问题,学校里的老师就会认为您认真听课并勤奋学习。在大多数澳大利亚民众看来,提问表示您对他们的讲话很感兴趣。

听到澳大利亚民众在家和公共场所大笑时,您可能会感到很惊奇,大多数澳大利亚人在大笑时都不会用手遮住嘴巴。

澳大利亚民众习惯拥有充足的个人空间,站得太近会让他们感到压力和不舒服。

很多澳大利亚人都会用手指来指向某物或某人,您可能会感到惊讶,但不要对此生气。

澳大利亚的公认良好礼仪包括:

• 握手。这是首次会见别人的礼貌行为。如果关系更为密切,则可以拥抱、亲吻脸颊或拍打肩膀或后背

• 进入房间前先敲门

• 使用别人的物品前先征询意见,如:使用电话、打开电视机、使用计算机

• 对别人讲话及别人对自己讲话时要保持眼神交流。对大多数澳大利亚人而言,这一点非常重要,尤其是在学校里,若您没有与老师眼神交流,老师可能会认为您很无礼或没有认真听课

• 澳大利亚非常重视准时守时,若您无法出席预定的会议,您一定要通知其他人

• 用完餐后,要把刀叉都放在盘子上

• 用手巾纸或手帕来擤鼻涕

• 不要站在排队或等待过马路的人前面

• 遵守行人交通信号。除非是指定人行横道,否则请不要穿越道路

• 一定不要在澳大利亚随地吐痰。在街上和公共场所吐痰是一种违法行为。随地吐痰将要受到罚款

• 进入房间并不一定要脱鞋;不过进入某些房屋时可能会要求您脱鞋。

记住,澳大利亚人热情友好;通常情况下,最应记住的就是要露出笑脸。微笑表示快乐或友谊,通常都表示这个人不紧张。

教育

澳大利亚各个州都要自行负责自己的教育体系,但澳大利亚政府非常热衷于为澳大利亚学生和海外学生保持澳大利亚教育的出色质量。

教育体系由四个阶段组成,每个阶段都可轻松地过渡到下一阶段。6 至 16 岁时,每个孩子都必须入校读书。近年来,很多学校都同时拥有学前班至高中年龄段的学生。这些学校

通常都为小学、初中和高中学生划分了独立的区域和行政管理人员。

学年分为四个学期,从一月底、二月初一直延续至十二月。各学期之间有一个短暂的假期,十二月和一月时还有一个漫长的暑假。

学生每周从周一到周五上学。澳大利亚各地的教学时间略有不同,但通常每个教学日都是从上午 9 点至下午 3 点。

学前教育

5 至 6 岁的孩子入读全日制学前班。学前班为初级教育奠定了坚实基础,但这并不是强制性要求。

初级教育

昆士兰的儿童要到小学修读 1 至 7 年级课程。

在这些学校初级教育期间,学生接受普通小学教育,重点在于培养学生的语言和计算能力(包括英语外其他语言)、简单的数学、道德和社会教育、健康、环境研究和创造力活动。

中学教育

学生要先读三年初中课程,之后通常要读两年高中。中学教育通常为综合型教育,州立学校为男女同校。学年期间定期举办考评和考试(从一月底至十二月中)。学年分为两个学期,每个学期又分为两个为期 10 周的小学期。学生通常从周一至周五上午 9 点至下午 3 点入校读书。

课后通常不组织社团或活动(不过有些学生会自己参加体育锻炼),因此大多数学生都会离校回家或会见朋友。夜间和周末,学生可能要做家庭作业但周末通常不开课,也很少有强化学校。学校鼓励学生保持学校整洁,但学生无需参加学校清洁工作,这些工作都由专业清洁人员负责。

高等教育

学生可以选择大学、高等教育机构和技术与继续教育(TAFE)学院丰富的技术、学术和专业课程。

昆士兰学校结构和日历表

学校结构			
级别	学年/年级	大约年龄	
中学	12	17	高等教育
高中	11	16	
	10	15	
初中	9	14	
	8	13	
小学	7	12	
	6	11	
	5	10	
	4	9	
	3	8	
	2	7	
	1	6	
学前班		5/6	

学校日历	
2014年	
第1学期	1月28日—4月4日
第2学期	4月22日—6月27日
第3学期	7月14日—9月19日
第4学期	10月7日—12月12日
2015年	
第1学期	1月27日—4月2日
第2学期	4月20日—6月26日
第3学期	7月13日—9月18日
第4学期	10月6日—12月11日

沟　　通

语言

澳大利亚人讲的是与美国和英国相同的英语。唯一的差别在于口音。澳大利亚人喜欢拓展单词量,大家也都知道澳大利亚人讲话会有澳大利亚拖音(Australian drawl)。您还会发现,原籍国不同,口音也各不相同。例如,意大利裔讲的英语可能带有意大利口音。辨别所有澳大利亚人原籍的最佳方法就是让他们清晰缓慢地讲话。

您一定会听到的一种表达法是"G'day"——这是"你好"的友好说法。澳大利亚人在日常对话中使用了很多俚语。

使用下列表达法会被视为是一种良好礼仪。

日常用语	俚语
Barbecue	Barbie
Good bye	See ya later
No problem/That's OK	No Worries
That's great	You beauty!
Honest/Genuine	Fair dinkum?
Thank you	Ta
Chicken	Chook

您每天要多次使用到这些表达法。

- "你好"——白天或晚上任何时候都可用来和别人打招呼
- "晚安"——睡觉前的问候语
- "谢谢"——收到某物或别人帮您做事时
- "请"——提出某种要求时
- "好的,麻烦您了"——接受别人的提议时
- "再见"——离开房间或教室时
- "不,谢谢"——不想接受某物时,如更多食品
- "您能再说一遍吗"——若您没有听见或不理解别人的话时
- "打扰一下"——走到别人面前、需要打断别人的话、从餐桌起身时
- "对不起"——用来道歉,如不小心撞到别人。

学习风格

澳大利亚的教育侧重于学生自学，而非由老师来指导学生。澳大利亚鼓励学生与老师谈话，参与讨论。清晰准确表达看法的能力是一项宝贵技能。很多情况下，学生在研究课题方面都拥有决定权，也可独立于教师，按照自己的步骤来学习。

表达情绪

很多澳大利亚人都会公开表达自己的情绪。对于向别人表明自己生气、高兴、悲伤等情绪，澳大利亚人通常不会感到尴尬。

很多人认为，只要不采用攻击性方式，就大可公开表明不赞同别人的观点。

大多数情况下，与别人讨论个人问题也被视为可以接受，尤其是与朋友、家人及训练有素的专业人士（如学校里的指导员）。

澳大利亚父母鼓励孩子在提出要求时要说"请"和"谢谢"，在打扰别人时要道歉（说"对不起"）。

昆士兰生活

休闲时间

昆士兰被誉为"阳光之州"，多数时间气候条件温和宜人。为充分利用这种理想的气候条件，这里的户外活动深受欢迎，包括烧烤和野餐等出外饮食活动。

每个家庭的休闲时间活动差别很大。很多家庭喜欢参加和观看运动项目、在家招待朋友、看电视、看电影、参加音乐会和观看现场表演，以及走访朋友。

海滩

昆士兰的海滩非常美丽，来此感受美丽海滩将是您在澳逗留期间的一大组成部分。不过，与国外众多海滩相比，这里的海浪通常非常汹涌，潜流强劲。海滩安全（www. queenslandholidays.

com. au/travel-info/health-and-safety/water. cfm)

尽量保证海滩休闲生活安全的一些窍门包括：

· 阅读并遵守海滩及海滩入口处的警示标牌

· 一定要在红黄旗之间游泳——不要超过这些标旗。这些标旗标注的是最安全的游泳区域，也是救生员和救护员的巡逻区域

· 一定要和别人一同游泳；不要单独游泳

· 一定要告诉别人您要去哪里

· 明白自己在水中的能力，避免前往超出您游泳能力的场所游泳

· 大多数澳大利亚人都从很小时开始学习游泳，这一点你要知晓——游泳爱好者人满为患的海滩并不一定表明这里的水域平静安全

· 不要在浅水区奔跑、跳水或潜水

· 不要在酒精或药物的影响下游泳，避免在天黑后游泳

· 遇到困境时，不要慌张。保持镇静，随水流漂浮并抬起头部，这样救生员才能发现您。要横穿退潮流游泳，不要逆流

· 由于昆士兰的阳光很强烈，因此在海滩时一定要穿上衬衫、戴上帽子、太阳镜并涂抹防晒霜

· 遇到海洋生物时要小心，有些生物会刺人或咬人，以及

· 在昆士兰北部沿海地区遇到刺鳐时要格外小心。

周末活动

周末是您与寄宿家庭、同学及其他朋友一同参加活动的理想时间。很多游学计划都将周末划为与寄宿家庭一同度过的休闲时间。一些计划会组织集体活动，还有一些计划还会将此定为与寄宿家庭成员的活动时间。很多留学生认为，周末是融入澳大利亚社会场合并提高英语口语的绝佳机会。

购物

昆士兰城市拥有一些理想的购物机会。户外市场、购物中心、滨海地区和步行购物商场，您会发现这里可以买到所有必需品及一些精美纪念品。

昆士兰各地的购物时间各不相同，但商店的营业时间一般是周一至周五上午9点至下

午 5 点。城市每周都有一个晚上设为夜间购物商店。周末营业时间也各不一样,不过大多数商店周六营业时间都是上午 9 点至下午 4 点。一些中心、商场和市场周日也营业。

膳食

澳大利亚家庭通常都在家里的厨房、用餐区和客厅吃饭喝水。有时他们也会在户外用餐区或公园及公共场所举办烧烤(BBQ)和野餐。昆士兰家庭的男女老幼都会协助准备膳食、布置和清洁餐桌、洗刷餐具以及收拾食物。

受其他文化和烹饪风格的影响,澳大利亚家庭的食物种类非常丰富。大多数膳食都要借助刀叉来食用;不过,很多澳大利亚人在吃亚洲菜时也使用筷子。常见的膳食有烤肉、蒸菜或煮菜、米饭和面食。早餐可能包括谷物、吐司、水果、酸奶、鸡蛋、茶水、咖啡和果汁。午餐通常是三明治加水果。晚餐通常是热食,一般也是一天中的大餐,此时家庭成员欢聚一起,畅谈一天趣事和学校生活。为此,晚餐时间也是您锻炼英语口语的大好机会。大多数家庭都不在一起吃早餐。家里的每个成员一般都会自己动手,因此如果寄宿家庭也要您自己做早餐,您不要感到诧异。他们当然会告诉您有什么东西可以吃,以及食物都放在哪里。

如果有些食物您不能吃,请告诉预定中介,确保寄宿家庭提前知道。

若您喜欢吃什么,也请与寄宿家庭讨论。寄宿家庭的父母可能会带您到食杂店选择食物和点心。您可能也想制作一些本国特色菜,与寄宿家庭一同分享。

在澳大利亚文化中,吃饭时发出啧啧或饱嗝声音很不礼貌,嘴里塞满食物时讲话也会被视为是无礼的行为。

在澳大利亚,表达您喜欢膳食的最佳方式就是表扬,并向做饭的人说声谢谢。

昆士兰天气可能很热,又很潮湿,炎热天气时很容易就忘记会脱水。确保一天里要饮用充足水分。

宠物

大多数澳大利亚家庭每户至少都会养一只宠物,其中猫狗最为常见。

一些宠物会住在家里,还有一些住在户外,这取决于宠物的大小和种类。大多数公共场所都禁止动物入内,而狗只有拴上狗链才能带入公园。若害怕或对某种动物过敏,您应告诉预定中介,这样就可能会把您安排到不养宠物的家庭。但是,由于大多数家庭至少都会养一只宠物,因此可能无法做到这一点,您应告诉寄宿家庭让宠物远离自己。

大多数人会训练宠物养成礼貌习惯,不会让宠物睡在卧室、靠近餐桌吃饭或陪同家人外出。

游览昆士兰

抵达

入境与海关

抵达澳大利亚机场后,您要办理入境和海关手续。您需要一张入境卡(在飞机上分发给您)和现行有效的护照及签证。

办理海关手续时,您必须申报入境卡上的所有食品和动植物品。您不得携带任何水果、蔬菜、肉类或未处理的植物进入澳大利亚。

海关人员会检查所有物品,若发现禁止物品,则海关会予以没收。若您携带1万澳元以上的现金进入澳大利亚,您还必须申报这些资金。

请注意,海关不会没收您的钱——只是您需要申报。

此外,澳大利亚对携带药品、火器和武器入境也作了规定。携带医药品进入澳大利亚要接受严格管制,且在入境时必须申报。若您需要携带药物入境澳大利亚,最好也带上一份医生出具的英文说明信。请注意,很多草药和天然药物不准带入澳大利亚,因为这些都属于植物产品。一些草药在澳大利亚就有。

欲知澳大利亚海关规定详情,请浏览 www.customs.gov.au。

若您没有东西要报关,请走绿色通道(无申报通道)。若您确实拥有上述需要申报的物品,请走红色通道(申报通道)。

游学

您的游学课程已预先排定,而您将从游学中介手中拿到一份行程表。

大部分的游学课程包括寄宿家庭,英语课程,参访昆士兰学校(融入课程)与郊游。

每个接待学校都有一位专门的游学协调员来帮助您得到所需。

抵达机场

您的游学计划将会事先安排,预定中介也会给您一份线路。大多数游学计划包括居家住宿、英语课、参观昆士兰学校(融入课程)和游览。

每个主办学校都会专门指定一名游学协调员,协助您处理各种需求。

到达学校

昆士兰教育部代表或预定中介会到机场给您的团队接机,带您搭乘公共汽车前往学校。

抵达学校时,学校协调员会接待您。此后将由协调员负责您游学计划的各项安排,您也可以随时向其咨询计划详情。

若您于学校教学日抵校,您可能会与学校伙伴参加一场欢迎宴会,在校度过这一天,并在教学日结束后与寄宿家庭会面。若您在非教学时间抵校,您会在抵达学校时与寄宿家庭会面,然后与他们一同参加短暂的欢迎仪式或直接与其回家。

校内禁止吸烟政策

昆士兰公立学校里严禁吸烟。这是全体学生和成年人都必须遵守的禁烟政策。

交通

您的寄宿家庭会向您说明每天该如何来往于学校。您会与寄宿家庭的伙伴一同出行,搭乘相同的交通工具。您的寄宿家庭会承担您来往于学校的费用。您最好让寄宿家庭在纸上写下公共汽车站名及其详细地址,并随身保管好这张纸。

禁烟标识

学校课程参与(融入)

计划期间,学校会帮您安排一位上学伙伴。这可能就是您的寄宿家庭伙伴,也可能是学校的其他学生。

大多数游学计划都包括与伙伴一同上课。这些日子里,您应在指定时间和地点与伙伴碰面,并与他们一同上课。您务必要按时抵达,并携带一些纸笔去上课。您应尽量积极参与课堂活动,这样老师就能了解您的英语水平并帮助您。学生不应在上课时写明信片、看书、说话或睡觉。

除非下雨天,否则澳大利亚学生在课间休息时间(早茶)和午餐休息时不会待在教室里。他们会坐在操场上、树下、吃午饭(从家里带或到学校餐厅购买)以及和朋友聊天。

有些学生喜欢参加体育运动或体育锻炼。此外学校也举办午餐时间活动,并为有意参

加的学生举办社团聚会。休息时间,您可以和伙伴一同去吃饭和参加社交活动。

英语课(ESL)

您的游学计划可能会包含几天的英语课。通常是上午上课两三小时,随后举办学校融入或游览活动。英语课由在昆士兰教育部登记的合格教师授课,专门针对各个团队的英语水平、年龄和特殊兴趣。团队规模不超过每位教师 20 名学生的水平。英语课着重于各种情境下的英语口语,强化每名学生的当前英语水平。

上课期间,您要积极参与愉悦有趣的课堂活动,这些活动旨在提高您的英语口语和听力技能。每堂课都会基于澳大利亚动植物、澳大利亚历史及澳大利亚文化传统来设置一个主题。英语教师通常会陪同该团队参加游览,开展课堂延伸教学,并协助和鼓励学生积极加强沟通能力。

居家住宿

学校协调员负责选择寄宿家庭。大多数家庭都来自学校社区,可能也有子女正在入读您即将入读的学校。学校协调员对这些家庭实施面试和参观,并根据其在友好、兴趣及可住性等方面是否能够招待学生需求来加以选择。寄宿家庭的选择不会依据住房的大小或类型。

学生的安全和呵护是头等要事,因此最好要遵守学校协调员的安排,因为他们最为了解这些家庭。若您对寄宿家庭存有疑虑,您应与该家庭或学校协调员商讨,他们会帮助您解决问题。

不允许由于种族背景、住房大小或新旧、家庭收入水平、不愿意协助简单家务或方便其他朋友等原因而改变居家住宿安排。

澳大利亚家庭并非完全一样

与世界各地的家庭一样,澳大利亚家庭在很多方面也存在差异。由于澳大利亚是一个多元文化国家,这一点也尤其突出。这里汇聚了来自欧洲、非洲、美洲和亚洲等世界各地的民众。来自这些地区的国家包括意大利、希腊、苏丹、南非、墨西哥和印度。澳大利亚崇尚宗教自由,民众信仰多种不同宗教(如基督教、佛教、伊斯兰教、印度教、犹太教)。很多学生在校讲英语,回家则和父母讲另一种语言。您会被安排到会讲英语的寄宿家庭,而即使英语不是他们的第一语言,该寄宿家庭也会用英语与您交流。

大部分澳大利亚家庭都认为自己属于中产阶级。收入水平差异很大。

此外,每个家庭的内部财产以及家庭成员热衷的活动类型也各不一样。不要与其他学生攀比,而是要尽情享受居家住宿体验以及寄宿家庭的独特性质。

澳大利亚家庭的规模和结构也存在差异。很多家庭都是父母双亲加上子女(称为核心家庭)。有些家庭是夫妻双方但没有子女、单亲家庭或与年迈父母或其他成年人一同生活的家庭。当然也有一些重组家庭,即父母之前结过婚,也各有之前婚姻或关系而生育的子女一同生活。

每个人都能提供帮助

澳大利亚家庭一般不会雇人来做家务,通常情况下父母双亲都要工作。因此,家庭全体成员共同参与家务非常普遍。这可能包括协助做饭和清洁、自己整理房间以及协助保养园林。很多家庭的孩子都会自己动手做早餐和午餐,晚餐则由母亲或父亲负责。您也可能会被要求协助一些家务活,或"自己动手",即要自己选择和搭配膳食。这可能都是早餐,正餐可能不会这样。

浴室和厕所

昆士兰人通常会在淋浴间或浴缸里抹肥皂和洗澡,这样水就不会溅湿浴室地板。澳大利亚人一般都很注重节水,各个家庭可能会限制自己的用水量。建议淋浴不要超过 4 分钟,浴盆装水不超过一半。洗澡、淋浴和厕所有时设在同一间里。

厕所为西方立柱式,采用卫生纸而非水洗。男性小便时要掀开座圈。女性卫生用品要包起来,并放入相应的垃圾桶里。

用餐时间

澳大利亚家庭的食物种类及饮食习俗与其文化背景息息相关。例如,欧洲背景的家庭主要吃欧式食物,不过很多家庭也喜欢尝试不同种类的食物,可能也会买或做些中国、墨西哥、泰国、印度菜等。全体家庭成员一般都会聚在一起吃晚餐。

与寄宿家庭谈话

第一次与寄宿家庭接触时会感到紧张,这很正常。而在您更深入了解这个家庭后,您就会开始感到快乐。初次抵达后与寄宿家庭谈论您的担忧或问题,这将有助于您适应在新国度的生活。与寄宿家庭初次会面时,询问其喜欢您如何称呼他们,并告诉他们该如何称呼您。

若您英语讲得不好,您也能通过如下方式与其沟通:

• 若您的英语书写能力好于口语,则可把想说的话写下来

• 画图表达您要说的话

• 使用双语词典

- 模仿或用形体语言来表达信息

- 让其他学生代为翻译,或

- 使用电话传译服务(寄宿家庭或学校会向您介绍这方面信息)。

若您大部分时间都自己待在房间里,并关紧房门,寄宿家庭可能会认为您不喜欢他们或您不高兴。每天抽出一些时间与寄宿家庭聊天、看电视或帮助做些家务。向寄宿家庭介绍您的本国文化,并了解他们的文化。这有助于提高您的英语水平,让您的居家住宿体验更加愉悦。

您需要一段时间才能理解澳式英语。澳大利亚人讲话比较快,元音的发音可能与您本国英语教师的口音不同。

记住,沟通时不要慌张。没有人会希望您使用完美英语,您只要加以尝试,就能得到表扬和鼓励。

使用电话和互联网

若您要打电话告诉父母亲自己已经安全抵达,大多数寄宿家庭都不会介意。每次要使用电话时,您必须征得寄宿家庭父母的同意。由于国际电话费用昂贵,建议您购买国际电话卡来拨打本国电话。国际电话卡可在大多数便利店购买。其他方法还有拨打对方付费电话或使用投币电话。

请告诉父母和朋友,晚上 9 点后不要打电话给您,因为这会被视为没有礼貌,可能影响到别人。

使用互联网时一定要征得寄宿家庭父母的同意。您应与寄宿家庭父母商定自己可使用多长时间的互联网。长时间占用互联网很不礼貌,因为整个家庭可能都需要使用。

就寝时间

请体谅寄宿家庭成员的就寝时间。

每个家庭都有自己的习惯。不过,平日里大多数人都会在晚上 10 点前上床睡觉,在此之后淋浴、播放音乐及做饭可能会影响别人,您应尽量在晚上提前做好这些事。

与寄宿家庭讨论他们早上的习惯,计算早上最佳起床时间,以便做好上学准备。

其他

选择寄宿家庭的标准是因为他们待人友好、善解人意。大胆把您的想法告诉他们,不要害怕。

若您不理解,请尽管提问。

任何时候都要让寄宿家庭父母知道您在什么地方。

与寄宿家庭一同分享您的本国文化,不要仅仅因为存在差异而予以否定。记住您在昆士兰的目的就是要体验新事物。

卧室里不要放食物,因为这可能会引来蚂蚁和蟑螂。

卧室里不要悬挂潮湿衣物,也不要把衣物挂在加热器上。让寄宿家庭告诉您该到哪里晾衣物。

游览

很多计划都包括游览旅游景点或社区其他场所。

根据游学地点的不同,这些活动也各不相同。这里举些例子,如主题公园、动物公园、环境教育中心、购物、文化中心和博物馆、原住民展览及其他当地旅游景点。您务必要对即将游览的地方有所了解,才能得知是否需要准备特殊衣物或设备。

这种情况下,会有一辆公共汽车前往学校接您,把您送到活动场所。

您的英语教师或学校其他代表将会陪同您所在团队。

所有游览活动的门票都已包含在预先安排的游学计划里。您可能要携带照相机和少量现金,以便购买食物或纪念品等。若您与寄宿家庭一同参加周末游览活动,您应在行前与他们商定费用。若游览活动为户外活动,您应准备帽子和防晒霜,最好带上一瓶水。

游　　学

欢迎会及欢送会

每项游学计划通常都会安排一个欢迎会及欢送会,不过相互之间的风格和正式程度或有差异。若您要准备一项娱乐节目或穿着本国特色服饰出席宴会,您会在出国前接到通知。

欢迎会及欢送会为学生、伙伴和/或寄宿家庭提供了一个放松的娱乐时间,在非正式社交场合感受彼此的友谊。

礼品

与很多亚洲国家相比,澳大利亚赠送礼品比较不正式和少见。通常是在生日、周年庆或婚礼等特殊场合才会赠送礼品。在澳大利亚,收到的礼品通常都不包装,通常都是拥抱一下送礼的人来表示感谢。

若寄宿家庭赠送礼品给您,您应在他们面前打开礼品,以便让他们知道您是否喜欢,并与您一同感受收到礼品的喜悦。澳大利亚人并非都会回赠礼品,如果您送了礼品给寄宿家庭或朋友但却没有收到他们的回礼,您也不用怀疑自己是否做错事。

遇到问题时该怎么办?

陪同人员和学校协调员负责协助您处理游学过程中的各项事务。

若您遇到小问题,如不喜欢某种食物或出现过敏,您应先告诉寄宿家庭。澳大利亚人喜欢您先与他们如实公开地说明问题,很多问题都可通过这种方式轻易得以解决。请确保在居家住宿申请表上说明这些细节。

若您认为自己无法和寄宿家庭讨论这个问题,请告诉老师/陪同人员、学校协调员或英语教师。

记住,寄宿家庭和学校一定会确保您在澳期间的快乐经历及为您提供帮助和支持。

大多数前往其他国家的人都需要用一定的时间来适应身处异国陌生环境所带来的变化。您可能会患上一些小病或产生一些不好的感觉,如:

- 压力和焦虑感
- 腹部不适
- 哭泣
- 无法入睡
- 没有胃口
- 思乡

若您在逗留期间出现这种状况,您应告诉学校协调员和寄宿家庭。

这里有些方法可帮助您缓解思乡情绪:

- 把您的感觉告诉团队其他成员。他们可能也会出现与您一样的感觉
- 告诉寄宿家庭
- 保持积极情绪,参加所有计划活动,以及
- 不要打电话回家,因为这会让您更加想家

不要认为自己要独自来应对这种情绪。

澳大利亚拥有品种丰富的特色动物、哺乳动物、爬行动物、鱼和昆虫,经常也可以看到大量生活在澳洲大陆之两栖动物的身影。

澳大利亚动物

袋鼠

袋鼠是澳大利亚的标识:澳大利亚的盾徽、一些货币上都有袋鼠的形象,航空公司 Qantas 等诸多澳大利亚组织也广为使用。袋鼠属有袋动物类大袋鼠科动物(macropods,意思是"大脚")。袋鼠拥有硕大有力的后腿,大脚掌适合跳跃,肌肉发达的长尾巴用来平衡,头部却相对较小。与所有有袋动物一样,雌性袋鼠拥有一个育儿袋,用来哺养幼袋鼠,直至其完成出生后发育。

袋鼠

不同种类的袋鼠,其食物也各不相同,不过它们却都是不折不扣的食草动物。

考拉

考拉

考拉生活在澳大利亚东部和南部沿海地区。在遥远的内陆,那些水分充足、生长合适林地的地区也能看到考拉的足迹。塔斯马尼亚州和西澳大利亚州没有考拉。

考拉的外观与袋熊(其血缘最近的现有近亲,但考拉皮毛更厚、耳朵更大、四肢更长)很相似。考拉脚爪又大又利,有助于其爬上树干。

考拉五个脚趾里的大脚趾与其他脚趾相对,抓力更强。考拉是为数不多拥有指纹的哺乳动物之一(灵长类除外)。考拉的指纹与人类相似,即使利用电子显微镜,我们也很难在两个指纹中加以辨别。

鸸鹋

鸸鹋是澳大利亚本土特有的最大型鸟类。它在世界现有鸟类中体高排名第二,仅次于其平胸类亲戚鸵

鸸鹋

鸟。这种棕色禽鸟羽毛柔软但不会飞，体高可达 2 米(6.5 英尺)。澳洲大陆大多数地区都有鸸鹋，不过它们不喜欢人口密集地区、浓密森林和干旱地区。鸸鹋能快步走完很长距离，必要时可以 50 公里(每小时 30 英里)的时速疾跑。鸸鹋是到处寻找机会的游走禽，通常会步行很长距离去寻找食物；它们以各种植物和昆虫为食。

袋熊

袋熊也是澳大利亚的有袋动物；它们拥有短小但却肌肉发达的四肢。袋熊体长约 1 米(39 英寸)，尾巴很短。袋熊栖息在澳大利亚东南部及塔斯马尼亚州的森林、高山和荒原地区。

袋熊用与啮齿类动物一样的前牙及有力的脚爪来挖掘四通八达的洞穴系统。虽然它们主要在黄昏和夜间活动，但在凉爽或阴霾天气，袋熊也会冒险出来觅食。

袋熊

鬃狮蜥

鬃狮蜥是飞龙科蜥蜴的统称，是澳大利亚的独有动物。

鬃狮蜥已成为深受很多地方欢迎的异国宠物。这些宠物也被饲养的主人亲切地昵称为"胡子龙"。鬃狮蜥待人友好，生性温和，饲养相对简单，成为深受孩子们喜爱的宠物。

鬃狮蜥拥有宽阔的三角形头部，身体扁平，成年鬃狮蜥头尾长约 18 至 24 英寸(45～60 厘米)。一般来说，鬃狮蜥的寿命为三至十年。受到威胁时，鬃狮蜥下颚下方的带刺咽喉袋会膨胀，同时吸入空气，使之膨胀变得更大。这个咽喉袋看起来很像是胡须，这也是其名字的由来。

鬃狮蜥

常见联系机构及更多信息来源

澳大利亚气象局

www. bom. gov. au

澳大利亚旅游委员会

www. australia. com

澳大利亚在线

www. australia-online. com

布里斯班市政府

www. brisbane. qld. gov. au

凯恩斯在线

www. cairns. aust. com

凯恩斯城市搜索

www. cairns. citysearch. com. au

海关信息

www. customs. gov. au

移民、多元文化及土著事务部

(DIMIA)(布里斯班办事处)

13th Floor

313 Adelaide Street

Brisbane，QLD 4000

电话:(+617)131881

传真:(+617)33605006

www. immi. gov. au

昆士兰旅游目的地

www. queensland-holidays. com. au

昆士兰教育部

www. education. qld. gov. au

资料来源

澳大利亚国旗

www. csu. edu. au/australia/flag. html

澳大利亚动物

en. wikipedia. org

人口统计局

www. abs. gov. au

昆士兰指南

www. csu. edu. au/australia/qld. html

昆士兰北部度假

www. holidaynq. com. au

Lonely Planet 布里斯班孤独星球

www. lonelyplanet. com/destinations/

australasia/brisbane

在澳学习

www. immi. gov. au/students/index. htm

昆士兰旅游

www. qttc. com. au/home. htm

阳光海岸旅游

www. sunshinecoast. org

Townsville 在线

www. townsvilleonline. com. au

语言

www. immi. gov. au

昆士兰目的地医药品管理局

www. health. gov. au/tga

电话:61262328536

传真:61262328605

附录5

《海外课堂》国际培训中心学员爱心感言录

《海外课堂》最美领队实训师培训内容主要包含：海外课堂宗旨、内容、背景、课程、安全须知、注意事项、寄宿家庭、领队职责、形体训练、国际礼仪等（实训师备课要点：互动、导读、协助、视频、讨论、创意、表演、幽默笑话、现场实践、音乐背景、渲染气氛，让学员爱上海外课堂领队实训）

1）Jerry 谢天豪同学的爱心感言：

"全球多元文化的收获"是我体验实训后的快乐感受：这是一场内外兼修、有强烈心灵共鸣的培训。从美丽的海外课堂导师的自信幽默；到触动心灵的幸福课；到"爱为何物"的解读；到让人笑声爽朗的形体训练；再到深入浅出的国际礼仪，都让我们的学员收获了满满的心灵感应、感动和感恩，如同身临其境，启发我们的灵魂去体悟生命中和谐妙曼的大爱大美。

2）Vikki 马雨薇同学的爱心感言：

我深深爱上了"在游戏中学习"的实训方式，我依旧回味着转换成好心情的3A原则、把负能量变正能量的智慧、把坏事变好事的启迪。我深入理解了一位出色的海外课堂领队是智慧和美丽的和谐统一——爱相随，心永恒！

3）Tayce 龚逸琦同学的爱心感言：

我最心爱的一个实训环节就是每位同学代表一个不同国家的外国友人上台艺术表演，这个方式非常新颖，它是我们海外课堂导师首创的实训方法，让我们学员在欢笑声中学习到跨文化和多元文化的亮点，非常有趣——我点一百个赞！我也要成为有创新、有乐趣、有贡献的人。

天然爱心之图，由张晓纯Daisy拍摄提供

4）Anita 沈碧璐同学的爱心感言：

海外课堂导师一下午 5 小时的培训就像 5 分钟一样的快乐飞逝,让我们学员在互动的快乐中学习。喜悦的细胞充满于整个内心,培训过程就好像是快乐大本营——充满了欢笑和幸福感。我突然感悟到:幸福其实就这么简单——就是此时此刻的阳光灿烂的好心情与和谐共鸣!

5）Caroline 倪晗嫣同学的爱心感言：

从培训中享受幸福。海外课堂导师用广博的知识积累和深厚的文化底蕴,恰当把握教学、乐趣、真爱巧妙融入实训中,给我带来了情感和理智的启迪,更是让我们饱享了一顿多元文化之丰盛大餐。我也要将大爱和幸福感世代永相传。

6）Diana 涂思宇同学的爱心感言：

我要向海外课堂导师学习:立志做 360 度幸福的人。透过培训,我恍然大悟,好似找到了答案:幸福也就是"一笑而过"的好心态。一个人的心胸有多宽阔,那么他就装得下多少幸福,收获的道理亦组成了我们一定要幸福的理由。

7）Linda 林依彤同学的爱心感言：

我们"用心用爱"连线到海外课堂导师的大爱无疆,我们如此惊喜感受到一日的实训时光如同"胜读十年书",我百分之百支持教育是爱,爱是幸福之理念,我永远记住:"love is the integration of Listen，Obligate，Valued and Excuse."赞! 赞! 赞!

8）Eve 忻益莲同学的爱心感言：

大爱和包容的人生态度。正像海外课堂导师所说:"只有一个人的内心充满幸福,才能把这种幸福通过自己分享给他人。"看庭前花开花落,望天空云卷云舒。沉静、睿智、大度、宽容,尽显东方大爱之国际海外课堂领队风采。

9）Cathy 程玉林同学的爱心感言：

我要把在实训中的 7 条"幸福的秘诀"铭记于心;我要把国际礼仪 5 大要点活学活用;我要把世界的多彩多姿邀请入我的生命风景线。我也要像我的海外课堂的导师一样:争做美丽智慧的海外课堂最美领队——一如她鼓励我们"青出于蓝而胜于蓝"。We are the best!

10）Daisy 张晓纯同学的爱心感言：

海外课堂导师以她独特的个人魅力、吸引力和感染力快乐了整个课堂的气氛,让我们沉醉在幸福的气氛里,享受国际教育的快乐。带给我们是学习快乐,幸福一生。我在晨跑时,惊喜地发现了爱心草——这是大自然爱的恩赐,宇宙教育的精髓。我的爱心拍摄与你分享——海外课堂:教育是爱,爱是幸福!

后记一:爱与感恩

Postscript 1：Love and Thanksgiving

2013 年 7 月 9 号清晨 8 点 16 分,妈妈幻化在我的血液里,融入我的心里:这是一份永恒的爱。妈妈是我一生见到过的最聪慧、最勇敢、最善良、最美丽的女人。她虽然在 4 岁时,就开始经历孤儿的苦难,妈妈和年幼的孤儿姐妹们依旧创造出生命和爱的奇迹。这是我们家族的骄傲也是我们中国女性的骄傲——这是震撼心灵的史实。我一直觉得妈妈就在我身边,从来没有离开过。她和我的心灵在对话:她说黑夜终会过去,雨天终会放晴;她说要学习向日葵,哪里有阳光就应朝向哪里;她说每天提升正能量,心中充满小太阳;她说当一个人的胸怀像海洋一样宽广,一定会成为最幸福的人;她说懂得感恩和宽恕的人,是智慧而快乐的人;她说这世界上最美的女人,一定是心中有大爱的女人。和妈妈的心灵沟通是温暖而幸福的。妈妈的话也在启发着我,赋予我灵感和希望。有一种感情叫血浓于水;有一种感动叫恩重如山;有一种缘分叫与生俱来;有一种真爱世代永相伴。

妈妈是幽默而乐观的,妈妈走之前还宽慰我:"我小女儿最美的时候,就是微笑。笑笑给妈妈看看。对了,不哭的,就是这样的美。就当妈妈开心地去旅游。你不是说爱妈咪吗? 爱妈咪就像一只老鼠爱一颗大米;就像猫妈咪和小咪咪一起'喵'一声。日子难过时,要怎样过? 一笑而过呗! 开心了吧。"

妈妈临走之前,最大的心愿是希望我有位如意夫君相伴……对不起我最亲爱的妈妈,我没有让妈妈心愿实现……但是,我现在用生命创作出我的孩子:《海外课堂·澳洲篇——教育是爱,爱是幸福》也是妈妈的欣慰。我用这样的方式表达对妈妈的爱和心愿的补偿。妈妈是爱书之人,70 岁时还完成了《往事点滴》的感人之作。我感恩妈妈给予我的创作天赋,妈妈永远会把她生命中最美好的传承给我。妈妈经常鼓励我:"青出于蓝,而胜于蓝"。本书会是世人喜爱的经典之作,会留在世人的心田,滋养心灵。在妈妈走的前一天晚上,我突然感觉到:妈妈的灵魂很自然地漂移到我的身体,与我紧紧合二为一,让我拥有双倍的力量,双倍的爱去感受美好的生命之旅。我也突然感觉行路的双腿更加坚定,更加有力。这是慈母之爱,是"此时无声胜有声"的支持。其实,我感觉妈妈和我一直一起在创作这本书,妈妈和我有心灵感应,更有心灵交流。因此,本书的创作过程是幸福而有灵动之气的,有妈妈的爱心相伴,又有周围这么多人的关心和支持,我是感恩而知足的。

我的父亲在成为空军军人之前,也是一位有爱心的老师,他教的科目是代数。我感恩爸爸赠送给我的教育基因。爸爸从小就经常教育我:"你妈妈是孤儿,要多多爱妈妈,要妈妈幸福。记住了吗?"我是坐在爸爸的肩膀上长大的,也是在空军部队飞机翅膀上跳舞长大的军营女孩。父亲一生乐观,脾气性格好,无论走到哪里都是笑眯眯的、受人欢迎。爸爸一直夸我是有爱心的好女儿;他告诉我,我在三岁时,一遇飞机场下雨,就从门缝挤出双小眼睛滴溜溜地眨巴眨巴,就发现各式各样的蘑菇冒出来了,我戴个好大的帽子,去采蘑菇,然后挨家挨户地敲门——爱心送给邻居们享用。大大的帽子下配个我飞奔忙碌采蘑菇的小腿,就像一个会走路的电动大蘑菇,让接受我美味蘑菇的阿姨们抱着三岁的我,欢喜得舍不得放下。

我的慈母:于淑香

我的父亲:邓润初

父亲经常拿着妈妈这张照片带着微笑回忆说:"你妈妈当年很美,也很有才华……,看看这照片是当年空军部队最美的广播员……在追求你妈妈的男士中,你爸爸的条件不算最好的……但是,你妈妈觉得爸爸有知识有才气而且脾气性格很好……正是看中了这两点才嫁给了我……金婚50多年……我很想念你妈妈。"多纯真的爱情,让我这位小女儿心驰神往。

生命因为爱而幸福,我感恩父母之爱带给我的美好人生。我也将尽毕生全力去传播教育是爱,爱是幸福的福音!

作　者

2015 年 12 月

后记二:蝶恋花绝美图之谜

Postscript 2:*the mystery of the most beautiful map
showed love between butterflies and flowers*

同事 Edwin 经常开玩笑说:"真好! 你是掉入凡间的仙子,有灵动之气。"先觉是嬉闹之语,后静思……思绪飘飞,如水中月,镜中花:那是在山东蓬莱仙岛,我的姥爷在山涧狩猎,凸现半腰云雾处,有群玉兔飞奔跳跃,姥爷驱马追逐,竟引自一百花盛开处,如人间仙境:时值春暖花开、草木复苏、鸟语花香、喜鹊登枝、松鼠嬉戏、孔雀开屏。姥爷放眼四顾:满目林间翠绿、河湖波绿水清、水中荷花倒影、空气清爽润泽、阳光明媚灿烂、天空湛蓝如海、流云稍纵即逝、令人神清气爽。惊艳处有一美丽长发席地之女子窈窕现身:如淑女般不语而微笑,静坐花海中,奇香四溢,仙鹤相伴,此女子着百花衣于一身如百花仙子,最让姥爷心动的是:蝴蝶嬉戏在百花女的百花头环和百花衣上,现蝶恋花之绝美图……虽不知此百花女来自何处? 去向何方? 她姓甚? 名谁? 姥爷忽觉似曾相识。早已心动的姥爷带她骑马归家,娶为爱妻……姥爷告诉姥姥:这家中四合院的大宅子寓意"四情"——友情、亲情、爱情、恩情。四情之坚实如凝聚中国四合院爱之精髓;姥姥心领神会,在四合院的"心脏"处,画了一个大大的爱心,意欲"四情"沐浴在心中,才会幸福和谐。后我妈妈诞生,取名——淑香(因姥爷第一次见到姥姥如淑女般坐在花海中,有奇异花香之美,故取此名)。

我的姥姥的来历一直是个传奇的谜。有人说姥姥可能是天地之女;有人说姥姥有可能是深林生灵从人类家衔走的女婴;有人说是姥姥和姥爷前世有缘,今生注定让姥爷在百花丛中找到命中注定的她;有人说是姥姥求天地精灵赐予的尘世情缘;有人说那花瓣撒落一地的是一片夫妻恩爱之心……若说没有缘,今生偏又遇见你。

更神奇的是:在空军部队的时候,绝美的蝴蝶在也会在风吟桂花香的季节停留在我妈妈的军帽上、军领里,妈妈说:"蝴蝶为什么如此眷恋我? 蝶恋花才是,不过,我就是想把我的女儿们打扮得像花儿一样的美,尽显东方丽韵……"

更让我万分惊讶的是:当我带着学生孩子们出国去体验海外课堂的原始森林山涧中的生物课时,海外的蝴蝶会在清香回溢的时刻也争相落在我的身边,依恋相伴……学生孩子们的稚嫩小手紧紧拉着我,问我:"邓老师,为什么全世界的漂亮蝴蝶都爱你,像我们一样跟着你呀?"大千世界无奇不有。就像科学家说的:一切都是谜中谜,拆了一层有另一层等待着揭秘。也许暂时用科学无法解释的谜，就是人间传奇的魅力？

在此多谢同事 Edwin 慧眼独具的'唯美、灵动、奇幻、因果'打开我灵感之光——玄幻与穿越：分享家族蝶恋花绝美图之谜。

作　者

2016 年 2 月 14 日